이게 무슨 일이야!

이게 무슨 일이야!

우아한형제들 **지음**

아이처럼 일하는 어른들의 이야기
아무것도 아닌 일에서 '엄청난' 일을 만들어가는
우아한형제들이 일하며 벌이는 온갖 일들

북스톤

이게 진짜 무슨 일이야!

"이게 무슨 일이야?"

이 말 해보신 적 있죠? 상황이나 말하는 사람에 따라, 어떤 문장부호가 따라붙느냐에 따라 뉘앙스가 확 달라집니다. 단순한 확인용 질문일 때도 있지만, 황당한 마음이나 조금 화난 마음을 섞어서 쓸 때가 사실 더 많은 것 같아요. '무슨'을 '뭔'으로 바꿔보면 그 느낌이 더 커지죠.

우리는 이 말에 물음표 대신 느낌표를 붙여보면 어떨까요? 조금 당황스럽긴 하지만 재미있을 것도 같고, 뭔가 '대박적'인 일이 일어날 것 같지 않나요? '와, 이걸 한다고?' '일을 저렇게도 해?' 같은 뜻이 담겨 있다고 생각해요.

감사하게도 우아한형제들의 활동에 이런 반응이 올 때

가 있습니다. 무척 기분 좋은 일이죠. 저희는 '다니기 좋은 회사'가 아니라 '일하기 좋은 회사'를 지향하니까요. 실제로 처음에는 그저 색다른 이벤트를 많이 하는 회사, 재미있어 보이는 회사로 봐주셨다면, 언제부터인가 일을 새롭게 하는 회사로 주목해주시는 것 같습니다. '송파구에서 일을 더 잘하는 11가지 방법' 포스터가 SNS에 올라왔을 때에는 저희 구성원보다 외부 분들이 더 크게 호응해주시기도 했고요. 어떻게 하면 우아한형제들처럼 회사 일을 재미있게, 그러면서도 충실하게 할 수 있는지 궁금해하는 분들도 많아졌습니다.

예나 지금이나 우리의 일상에서 일에 대한 고민은 빠질 수가 없습니다. 최근에는 그 고민이 한층 구체적이고 촘촘해진 것 같아요. 작게는 재택근무 에피소드부터 아이디어 얻는 법, 새로운 일을 찾아 떠난 사람들, 다르게 일하는 방식까지… 서점에 가도 일에 대한 성공담보다 일 자체가 주인공인 책이 많아졌습니다.

일을 고민하는 방향에도 변화가 생겼습니다. 과거에는 열심히 일하는 법에 집중했다면, 요즘 우리는 나답게 살아가는 모습이자 의미와 재미를 찾는 수단으로서 일을 고민합니다.

어떤 이유에서든 일에 대한 이야기를 자주 꺼낼수록 더 즐겁게 일할 수 있다는 사실만은 분명해 보입니다. 그런 마음으로 우아한형제들도 어떻게 하면 일을 더 잘할 수 있을지, 일하기 좋은 회사는 어떤 회사인지 오래도록 고민하고, 방법을 찾아왔습니다.

오늘보다 더 나은 내 '일'을 위한 우아한형제들의 일 문화 이야기 〈이게 무슨 일이야! 컨퍼런스〉도 같은 맥락에서 출발했습니다. 2022년 4월 1일, 우아한형제들의 더큰집과 유튜브를 통해 많은 분들을 만났습니다. 컨퍼런스를 통해 우아한형제들이 지금껏 일궈온 '일'에 대한 고민을 나누는 한편, 더 많은 사람들과 일에 대한 이야기를 해보고 싶었습니다.

컨퍼런스 이름을 잘 지은 덕일까요? 컨퍼런스를 준비하는 내내, 컨퍼런스 당일에, 그 이후로도 우리는 "이게 무슨 일이야!"라는 말이 튀어나오는 순간을 자주 만났습니다. 특히 컨퍼런스를 준비하던 초반이 기억납니다. 연사 한 분 한 분과 '일'에 대한 대화를 나누면서 '일'을 깊게 생각해볼 수 있었고, 영감을 많이 받았습니다. 그 대화는 컨퍼런스가 되었고, 마침내 같은 이름의 책까지 나오게 되었습니다.

이 책에는 〈이게 무슨 일이야! 컨퍼런스〉에서 열린 다섯 세션이 담겨 있습니다. 2015년에 처음 만들어진 '송파구에서 일을 더 잘하는 11가지 방법'은 우아한형제들 곳곳에 포스터로 붙어 있는데요. 이 내용을 왜 만들었는지, 어떤 의미를 담고 있는지 김봉진 의장님이 직접 설명했습니다.

'싫어하는 사람과 일하는 방법'에서는 장인성(CBO) 님이 일보다 어려운 '관계'에 대해 이야기합니다. 혹시 회사에 싫어하는 사람이 있다면 꼭 읽어보세요. 이 챕터는 좋아하는 사람과 일을 더 잘하는 법, 협업을 끝내주게 잘하는 법으로도 이어집니다.

'일 잘하는 척하는 법'에서는 하다 보면 진짜가 되기도 하는 '척'과 부끄러움에 대한 한명수(CCO) 님의 생각을 전합니다. 좀 더 주도적이고 신나게 일하는 방법으로 바꾸어 읽어도 흥미로울 내용입니다.

'평생 잊지 못할 결정적 순간을 만드는 일'에서는 '피플실장'이자 피플실의 1호 구성원인 안연주 님이 '일'에 의미를 부여하는 과정을 소개합니다. 구성원들이 우리 브랜드를 사랑하고 행복하게 일하는 방법과도 닿아 있습니다.

마지막으로 '일에 대한 거의 모든 질문'에서는 우아한형제들의 CEO 김범준 님과 10년 차 구성원의 면담을 담았습니다. 가보지 않은 길을 먼저 가본 사람의 생각을 내 일에 적용해본 적 있으신가요? 지금 내가 잘하고 있는 게 맞는지, 어떻게 하면 더 잘할 수 있는지 궁금한 분들에게 권합니다.

컨퍼런스 라이브의 댓글창에는 눈으로 따라가기 힘들 만큼 수많은 질문이 올라왔습니다. 질문을 보면서 세상에 일을 더 잘하고 싶은 사람, 그래서 고민인 사람이 이렇게 많구나 하고 새삼 느꼈습니다. 시간이 부족해서 미처 답하지 못했던 질문들을 추려 책에 담았습니다. 아울러 현장을 뛰는 우아한형제들 구성원들의 '일'에 대한 생각을 담고, 일하는 데 도움받은 책을 추천했습니다. 최대한 다양한 업무, 직책, 연령, 배경을 가진 사람들의 이야기를 담고자 노력했습니다. 우리가 모두 다른 만큼 일에 대한 생각도 마음도 다른 게 당연하니까요. 틀렸다고, 나는 할 수 없다고 생각하는 대신 조그마한 실마리라도 얻어 가시면 좋겠습니다.

지금보다 일을 더 잘하고 싶은데 방법이 보이지 않을 때, 일하다 지쳤을 때, 사람 때문에 힘들 때, 퇴사하고 싶을 때, 이직하고 싶을 때, 새로운 일에 도전해야 할 때 등 일하다 보면 마주하는 모든 순간에 이 책이 도움이 된다면 기쁘겠습니다. 그리고 일 잘하는 법, 쉽지 않지만 꼭 해보셨으면 좋겠습니다. 물음표가 아닌 느낌표의 '이게 무슨 일이야!'라 외치는 순간이 많아질수록 오늘보다 더 나은 '내일'이 쌓일 테니까요. 일 잘하는 법은 사실 잘 사는 법일지도 모릅니다.

우리 모두 일하면서 '이게 무슨 일이야!' 하는 순간을 더 많이 만나기를!

새삼 이 책으로 여러분을 만나고 있다는
사실이 놀랍습니다.
뭐야 뭐야, 아니 이게 진짜 무슨 일이야!

차례

송파구에서 일을 더 잘하는 11가지 방법

WO RK!

김봉진 의장

우아한형제들

송파구에서
일을 더 잘하는
11가지 방법 몽촌로섬역 편

1 ~~9시 1분은 9시가 아니다.~~ 12시 1분은 12시가 아니다.

2 실행은 수직적! 문화는 수평적~

3 잡담을 많이 나누는 것이 경쟁력이다.

4 쓰레기는 먼저 본 사람이 줍는다.

5 휴가나 퇴근시 눈치 주는 농담을 하지 않는다.

6 보고는 팩트에 기반한다.

7 일의 목적, 기간, 결과, 공유자를 고민하며 일한다.

8 책임은 실행한 사람이 아닌 결정한 사람이 진다.

9 가족에게 부끄러운 일은 하지 않는다.

10 모든 일의 궁극적인 목적은 '고객창출'과 '고객만족'이다.

11 이끌거나, 따르거나, 떠나거나 !

Ⓠ 몇 년 전에 '우리 함께 이렇게 일하자'라는 가이드를 포스터 한 장으로 만드셨어요. 그게 '송파구에서 일을 더 잘하는 11가지 방법'인데요, 구성원들이 SNS에 올린 그 포스터 사진을 보고 외부 사람들이 훨씬 더 많이 공감하기도 했습니다. 그런 반응을 예상하셨나요?

Ⓐ 공감도 공감이지만 논란도 많았죠. 그런데 논란이 많다는 건 문화적으로 굉장히 좋은 거예요. 문화는 각자의 독특한 자기다움이 담겨 있는 것이니까요. 모든 사람이 좋아할수는 없어요. 그 포스터도 그렇고요. 그걸 보고 논란이 있다는 것 자체가 훨씬 더 좋은, 나은 방법으로 일할 수 있다는 사람들의 믿음이나 기대라고 생각했어요.

조금 비약을 해보자면 그간 다른 회사들은 '큰' 이야기를 해왔어요. '우리는 세계에서 가장 좋은 회사가 될 거야' '인류에 도움이 되는 회사가 되자' '우리 같이 잘해보자'처럼요. 이런 비전도 나쁘지 않지만 손에 잡히는 이야기는 아니죠. '그럼 나는 어떤 행동을 해야 하지' 하는 의문이 들기 마련이고, 그 대답을 각자가 찾는 건 상당히 어려우니까요. '송파구에서 일을 더 잘하는 11가지 방법'은 조직의 구성원은 각자 구체적으로 무엇을 어떻게 해야 하는지에 대해 쓴 거예요.

송파구에서 일을 더 잘하는 11가지 방법

'사람이 모여 있다'는
말의 의미

◎ 송파구에서 일 잘하는 방법과 다른 곳에서 일 잘하는 방법은 다른가요?

Ⓐ '송파구에서'라고 꼭 집은 이유는 우리가 송파구에서 시작했기 때문이에요. 사람마다 각자의 영혼이 담긴 장소가 있다고 생각해요. 예를 들어 '애플' 하면 캘리포니아라고 하죠. 제품에 'Designed by Apple in California'라고 적혀 있기도 하고요. 자신들이 어디서 시작했는지 제품에 담은 거죠. 아주 명확하고 타깃도 분명한 느낌이 들고요. 송파구도 그런 의미예요.

송파구 홍보대사는 아니지만 송파구를 정말 좋아해요. 서울에서 공원 등 녹지가 가장 많은 곳이기도 하고, 주거시

설, 회사 사무실, 쇼핑타운 등 모든 것이 어우러져 있어요. 아침에 보면 유아차 끌고 다니는 주부, 출근하는 사람들, 쇼핑하러 나온 사람들, 롯데월드로 놀러 가는 사람들이 섞여 있어요. 오피스 위주인 강남과는 다른 풍경이죠. 이런 풍경들이 너무 좋았어요. 일만 하는 게 아니라 다양한 것들이 충돌되는 곳에 있고 싶었기 때문에 송파구를 선택한 거죠. 우리의 일이 있는 곳이 그런 곳이기도 하고요.

Ⓠ '송파구에서 일을 더 잘하는 11가지 방법' 포스터를 그냥 벽에 붙이는 걸로 커뮤니케이션하셨어요. 그 일련의 과정이 신선했는데요, 어떤 의도였는지 궁금합니다.

Ⓐ 사실은 모든 회사가 각자 일하는 방식에 대한 믿음이 있고, 그것을 명문화하기도 하죠. 명문화해야만 어떤 상징처럼 그것을 유지할 수 있으니까요. 저도 당시 일하면서 '일을 잘해야 하는데 어떻게 일하는 게 좋을까'라는 생각으로 써봤던 거고요. 지금은 몇 번 업데이트했습니다. 첫 번째 방법이 가장 유명하죠. '12시 1분은 12시가 아니다'. 이것부터 '쓰레기는 먼저 본 사람이 줍는다'까지 구체적인 행동을 알려주는 내용도 담았어요. 쓰레기 줍기 싫다는 사람들에게 '우리는 쓰레기는 먼저 본 사람이 줍는다, 주울 사람만 들

어와라, 여기는 이런 사람들이 일한다'고 알려준 것이기도 해요. 덕분에 우리의 문화가 더 단단해질 수 있었던 것 같고요.

Ⓠ '쓰레기는 먼저 보는 사람이 줍는다'는 초반에는 내부적으로도 어떤 의미인지 이야기가 오가서 업데이트하신 걸로 압니다. 이 말의 의미, 이유 등을 더 설명해주세요.

Ⓐ 사실 회사에 들어오는 사람 모두 일정 부분은 전문가라고 생각해요. 영상 찍는 사람은 영상을, 글 쓰는 사람은 글을, 개발하는 사람은 코딩을 어느 정도 한다는 전제하에 들어오죠. 입사하면서 검증 과정을 거치기도 하고요. 기본적으로 회사 안에는 전문가들이 모여 있어요.

전문가들이 갖는 문제가 하나 있어요. 다른 일을 하지 않아요. 다른 일을 안 하고 자기 분야에 집중했기 때문에 그 분야의 전문가가 됐겠지만, 바로 거기서 작은 문제가 생기죠. '내 일만 잘하면 된다'고 생각하는 순간 조직 전체가 조금씩 흐트러지거든요.

이 일과 저 일 사이에는 빈 공간이 많아요. 그걸 누군가는 계속 메꿔야 하고요. 디자인과 개발자 사이의 애매한 영역을 누가 다룰지 끊임없는 논쟁argue이 있고요. 프로세스

이게 무슨 일이야!

로 정리해도 잘 안 되는 부분이 있는 게 사실이고요. 그런 영역에서 먼저 문제제기를 하거나 자신이 처리하는 등 적극적인 자세가 필요해요.

쓰레기가 바닥에 떨어져 있는 것을 보고 그냥 지나치는 사람, 청소해주시는 여사님이 해주실 거라고 생각하는 사람도 있죠. 청소에도 전문가가 있다고 생각할 수도 있고요. 전문가들이 모여 있기도 하지만, 사람들이 모여 있는 곳이 회사예요. 그렇기 때문에 공동체 정신을 발휘해야 하고 거기서 나오는 따뜻함도 느낄 수 있어야 한다는 뜻이에요.

Ⓠ 사내 곳곳에 '인사 받고 싶으면 먼저 인사하자'는 문구도 있어요. 이것도 적극적인 자세에 대한 이야기인가요?

Ⓐ 한때 이런 일이 있었어요. 우리 회사를 오래 다닌 임원분이 "왜 요즘 새로 들어온 친구들은 인사를 안 해?"라고 저한테 물어보더라고요. '엘리베이터에서 인사했는데 안 받아줘서 속상하다'는 글도 올라왔던 것 같고요. 그래서 고민했죠. 인사는 누가 누구에게 해야 하는 건가, 상급자가 먼저 하는 건가, 그 반대인가, 누가 먼저 해야만 하는 건가… 그냥 먼저 본 사람이 반갑게 인사하면 되는 거잖아요.

'쓰레기는 먼저 본 사람이 줍는다' '인사 받고 싶으면 먼

　　　　　송파구에서 일을 더 잘하는 11가지 방법

저 인사하자', 길게 썼지만 결국 하나의 이야기예요. '사람이 모여 있다'는 의미를 한 번 더 생각해보자는 거죠. 회사와 사회, 둘 다 같은 한자를 쓰거든요. 모일 회會에 모일 사社, 모일 사社에 모일 회會. 그 의미를 한 번 더 생각했으면 좋겠어요.

일을 잘하게 하는
팀워크

ⓠ 구성원들이 잘 지키고 감명받는 것 중 하나가 '잡담을 나누는 것이 경쟁력이다'예요. 면접 보러 오시는 분들도 '가장 인상 깊고 너무 좋다'고 하고요. 이 항목은 어떤 배경으로 지으셨나요?

ⓐ 당시 제가 잡담과 관련된 책을 읽었던 것 같아요. 책 제목이 생각나진 않는데 잡담의 긍정적인 효과를 이야기해서 인상 깊었어요. 잡담이라는 게 유대감과 신뢰를 만든다, 일할 때는 신뢰가 가장, 먼저, 중요하다는 내용이었어요.

신뢰는 전문용어로 팀워크라고도 하죠. 팀워크를 다지기 위해 프로페셔널하게 일 이야기만 할 수도 있지만, 그게 전부는 아닌 것 같아요. 비정형적인 관계 속에 이뤄지는 것

송파구에서 일을 더 잘하는 11가지 방법

들도 굉장히 많은 것 같고요. 회사에서 조용히 지내는 것보다 수시로 이야기 나누면서 유대와 신뢰를 쌓고, 일할 때는 속도를 내서 일할 수도 있죠. 그런 관계가 형성되지 않은 채 일하면 시간이 더 많이 걸려요. 일할 때 '저 사람이 한 말의 의도는 뭐지' '지금 나를 디스하는 건가' '저 사람이 지금 내 성과를 뺏어가려고 하는 건가' 하면서 경계하기도 하니까요. 하지만 서로에 대해 많이 알거나, 어떤 문제로 고민하는지, 어떤 것을 즐거워하는지, 최근에 어떤 영화를 봤는지 알고 있으면 좀 달라요. 업무와 전혀 관계없어 보일지 몰라도 그런 관계가 형성되면 훨씬 쉽게 일하게 되는 것 같아요.

이건 싱가포르에서 푸드판다와 일하면서도 많이 느끼고 있어요. 우아한형제들은 제가 창업하고, 저희가 같이 만들었던 회사이기 때문에 서로 오해할 일이 없어요. 슬랙 메시지 하나를 보내더라도 '아, 봉진이라는 사람은 원래 말을 툭툭 하기도 하고, 장난도 치지' '이거는 꼭 챙겨줘야겠다' 하는 이해가 있어서 훨씬 간결하게 메시지를 보낼 수 있죠. 하지만 지금 푸드판다와 일할 때는 메시지 하나 보낼 때도 신경을 많이 써요. 저쪽에서도 '봉진이 어떤 생각을 할까' 하고 굉장히 긴장하면서 보내고요. 이런 걸 보면서 잡담이 정말 중요하다고 다시 한 번 실감하고 있어요. 저도 지금은 그

이게 무슨 일이야!

런 어려움을 풀기 위해 푸드판다 팀과 많은 시간을 보내고 있고요.

Ⓠ 재택근무가 계속되면서 물리적인 공간의 옆 동료가 없고, 잡담 나누기도 예전처럼 쉽지 않은 것 같아요. 이에 대해 여러 회사가 고민하고 있을 텐데 봉진 님은 어떠신가요? 불편하신 점 혹은 이렇게 하니 좋더라 하는 팁이 있을까요?

Ⓐ 동료들과 같은 층에서 생일파티도 하고, 이야기도 하고, 커피도 한 잔 하던 게 엄청 그립기는 해요. 하지만 삶에서 내가 바꿀 수 없는 건 빨리 포기하는 게 좋은 것 같아요. 팬데믹은 내가 어떻게 못하잖아요. 포기할 건 빨리 포기하고 그냥 거기서 행복을 찾는 게 좋아요.

옛날을 그리워하되 옛날처럼 안 된다고 해서 불만을 갖지 마세요. 안 되는 것, 통제할 수 없는 것은 포기하고, 내가 통제할 수 있는 범위 안에서 행복을 찾는 게 지금 상황에서는 가장 좋은 방법이 아닐까요.

Ⓠ '이끌거나 따르거나 떠나거나'라는 말이 포스터 마지막에 있어요. '떠난다'는 말을 넣는 건 정말 과감했던 것 같은데, 이 배경은 무엇인가요?

ⓐ 각 구성원 입장에서 보면 회사는 인생에서 거쳐가는 한 단계이지 평생 다니는 곳은 아니잖아요. 얼마든지 더 좋은 여건으로 떠날 수도 있고요. 회사 입장에서도, 그 사람을 채용했다는 이유로 완전한 내 사람, 함부로 해도 되는 사람이 아니라 언제든지 떠날 수 있는 사람이라고 생각하는 게 긴장감을 주는 것 같아요.

회사는 구성원들이 떠나지 않도록 계속 좋은 복지정책, 인사정책, 업무환경 등을 만들어야 하고, 구성원도 자기가 어떤 사람인지 성과를 보여주면서 어필해야 하고요. 끊임없이 관심을 보여주고, 긴장된 상태를 유지하는 것이 서로에게 좋다고 생각해요.

그럼에도 불구하고 막상 퇴사한다는 이야기를 들으면 조금 섭섭하긴 합니다. 마치 내가 퇴사당하는 것 같아요. '이 사람에게 내가 잘렸구나' 하는 심정이죠. '우리 회사가 충족시키지 못한 부분이 있구나' 하면서도 회사라는 게 모든 사람을 다 충족시킬 수는 없으니까 여러모로 생각하게 돼요.

회사는 각자의 건강한 이기심이 발현되는 곳이고, 그만큼 이기심들이 충돌하는 곳이에요. 예를 들어 일 잘하는 팀원 10명 중 한 사람이 팀장이 되잖아요. 나머지 9명은 '이번에 팀장 될 줄 알았는데 안 됐어'라고 생각하는 것도 건강한 이기심의 발현이거든요. 일을 더 잘할 수 있는 기회를 갖고 싶은데 계속 기회가 없을 수도 있고요. 자신이 잘하는 걸 더 잘할 수 있는 사람이 회사에 있을 수도 있고요.

사실 회사 규모가 어느 정도 커지니까 퇴사자들이 계속 생겨요. 처음엔 많이 섭섭했는데 시간이 지나니까 한 인간으로서 그 사람을 응원하게 돼요. 페이스북이나 인스타그램에 자신의 퇴사 소식을 알리기도 하는데, 저는 굉장히 좋은 모습이라고 생각해요. 지금까지 이 회사에서 좋은 경험과 기억을 많이 쌓았고 '이제 졸업하고 다른 회사에 가게 됐다'고 할 때 같이 일했던 동료들이 진심으로 축하해주고, 박수쳐주고, 다른 곳 가서도 잘 지내라고 응원하는 모습이 굉장히 좋아요. 여기를 거쳐 더 좋은 곳에 가서 더 잘되길 바라고, 그 사람이 나가서도 우리 회사에 대해 좋은 이야기를 하고 '나가보니까 이만한 곳이 없다, 돌아오겠다' 하면 다시 환영하는 게 더 좋은 그림이고요. 어디 가서 아주 자랑스럽게 '나 우아한형제들 출신이야' '나 배민 출신이야'라고 떳떳하게 이야기할 수 있는 게 서로에게 가장 좋고, 최고의 가치라고 생각해요.

ⓠ 지금까지 많은 사람들과 일해오시면서 '아, 저 사람 진짜 일 잘한다'고 기억에 남는 사람이 있나요?

ⓐ 두 사람이 기억나는데요, 그분들이 각자 구사하는 일하는 방식이 인상 깊었어요. 한 분은 이걸 왜 하는지 구성원들과 끊임없이 이야기하고 합의를 먼저 도출한 후 끌고가는 스타일이었어요. 중간중간에도 왜 이 일을 해야 하는지 계속 알려주었고요.

다른 한 분은 명성도 굉장히 높고 일도 잘한다고 이미 많이 알려져 있는데, 새로운 조직에 가면 그동안의 명성 등을 다 내려놓고 처음부터, 정말 바닥부터 다시 시작하시더라고요. 구성원들과 팀워크를 차근차근 쌓아가면서 그 결과물로 다시 인정을 받았어요. 성과물에 대한 성취감을 구성원들과 나누며 한 단계 높아지는 분이었어요. 두 분 다 지금 저희 회사에 계시네요.

ⓠ '송파구에서 일을 더 잘하는 11가지 방법'에 최근 더하고 싶은 항목이 있나요?

ⓐ 더하고 싶은 것보다 좀 빼야 하지 않나 생각해요. 리더 그룹, 매니저 그룹, 구성원들이 각각 좋아하는 항목이 조금씩 다른 것 같아요. 각자 좋아하는 것을 각자의 방식으로 기억

하는 거죠. 그런 것을 좀 정리할 필요가 있다고 생각해요.

제가 가장 좋아하는 것은 '12시 1분은 12시가 아니다'예요. 구성원들은 처음에 '지각'으로 이해했고 실제로 지각하지 말라는 의도도 어느 정도 있어요. 하지만 가장 중요한 것은 사실 서로 약속을 잘 지켜야 한다는, 일을 대하는 태도 이야기예요.

여러 사람이 같이 일하기 위해 모인 만큼 여러 약속을 하죠. 이번 달 성과지표나 매출 목표일 수도 있고요. 가장 상징적이고 일상적인 약속은 회의시간인 것 같아요. 회사에 회의가 없을 수 없거든요. 여러 사람이 모여서 의견을 나누는, 회사의 이벤트이자 상징인 셈이죠. 몇 시에 하자고 약속했는데 그걸 어기는 것은 동료에 대한 태도 문제로도 볼 수 있어요. 약간은 긴장된 상태로 회의시간을 기억하는 것은 무엇을 해야 할지 조금이라도 더 생각하는 태도예요.

ⓠ 여러 사람이 함께 일하기 때문에 시간을 지켜야 한다고 생각하면서도, 같은 이유로 조금은 늦을 수 있고 서로 이해해야 한다고 생각하기도 하더라고요. 문화나 생각의 차이는 어떻게 해결해야 할까요?

ⓐ 일이 굉장히 바빠서 전 회의가 늘어질 수도 있고, 회의에

늦는다는 건 일을 열심히 하고 있다는 반증 아니냐고 하는 사람이 있었는데, 저는 그건 시간관리를 잘못하는 거라고 봐요.

회의는 몇 시에 시작해서 몇 시에 끝내기로 이미 정해져 있어요. 회의하는 동안 어느 타이밍에 주제를 발제하고 정리하고, 마무리할지 관리해야 하는데 그게 안 되면 늘어지고요. 그건 트레이닝하는 게 맞아요. 예상보다 더 많은 사람들이 회의에 들어왔을 때는 처음부터 회의시간을 공지하거나, 중간중간에 회의 진행자가 시간을 체크하고, 다음 회의를 미루거나 취소하도록 돕는 게 맞고요. 그것마저 안 된다면 그날 회의는 거기서 마무리하고 팔로업 회의를 다시 잡아야 하고요. 이런 식으로 정리하며 해야 하는데, 늘어지면 늘어지는 대로 하고 다른 회의도 5분, 10분씩 기다리며 또 늘어지게 놔두는 건 좋지 않은 것 같아요.

탐험.
새로운 가치나
문제해결 방법을 찾기 위해
하루하루 알지 못하는 땅으로
떠나는 것.

일이란 무엇인가요?
리스크운영팀 서정우

일을 한다는 건
자신을 수련하는 것이다

Q '싱가포르에서 처음부터 일을 다시 시작하고 있다'고 말씀하셨어요. 그것은 어떤 의미인가요? '처음부터' '다시' 하는 데 힘들지 않나요?

A 나름대로 재밌어요. '한국에서 이렇게 했으면 됐겠구나' '한국에서 이렇게 일했을 때 잘됐는데 똑같이 다시 해도 그럴까' '그 방법을 어떻게 수정해야 하나' 하고 자연스럽게 생각하게 되더라고요. 그러면서 테스트하는 거죠. 저 나름대로 저를 다시 검증하는 기간인 것 같아요.

Q '여기서도 통하는구나' '이게 맞았구나' 했던 것 가운데 가장 인상 깊은 것은 무엇인가요?

ⓐ 마케팅과 브랜드에 관한 것인데요. 마케팅이나 브랜딩 측면에서 기업철학을 세우는 방법론 같은 것을 계속 연구하게 돼요. 기본적으로 마케팅은 전략, 브랜딩은 철학이라고 하는데 방법론적인 차원에서 보면 이런 거예요. '마케팅 전략'이라고 할 때 '전략'은 전쟁에서 나온 말이기 때문에 항상 상대방이 있어요. 그래서 전략을 세우기 전에 상대방을 먼저 살피는 게 매우 중요해요. 반면 통상적으로 '브랜드 전략'이라고 말하진 않죠. 브랜드는 철학이라고 이야기해요. 철학은 내면을 돌아보는 것이고, 내가 누구인지 먼저 살펴보는 것이 중요해요.

마케팅과 브랜딩을 같은 부서에서 다루는 조직도 많은데, 이 둘을 분리하는 접근법이 글로벌에서도 잘 통해요. 세세한 부분들은 다르지만 '마케팅을 할 때는 바깥을 먼저 살펴보고 브랜딩을 할 때는 내 안에 있는 것들을 살펴봐야 한다'는 뿌리가 되는 생각은 비슷하고 잘 맞는 것 같아요.

ⓠ 예전부터 이나모리 가즈오의 《왜 일하는가》를 많이 추천해주셨어요. 지금도 추천하신다면 그 이유를 듣고 싶습니다. 추천하실 만한 다른 책도 있을까요?

ⓐ 《왜 일하는가》는 저의 인생책이에요. 제가 일을 시작한

지 10년 차 때 다니던 회사를 그만두면서 새로운 인생을 시작해야 했어요. 당시 창업을 생각하진 않았지만 이 책을 보면서 일에 대해 많이 생각하게 되었던 것 같아요.

서양 사상에서 일이라는 건 징벌 같은 거예요. 기독교 사상에서는 아담과 하와가 선악과를 먹고 노동을 계속하며 살게 되죠. 그래서 일은 가급적 피할 수 있으면 피하고, 안 할 수 있으면 안 하면서 사는 편이 훨씬 좋은 것 같은 느낌이죠. 기본적으로 우리도 그렇게 생각하잖아요. 일하기 싫어, 일하지 않고 편하게 먹고 살 수 없을까 하고요.

하지만 이나모리 가즈오 회장님은 일을 다시 정의해요. '일은 한 사람의 인격을 높이는 훌륭한 도구다'라고요. 일은 계속 자신을 다듬고 수련하는 과정이라는 이야기를 보면서 일에 대한 제 태도를 완전히 바꾸게 됐어요.

실제로 이걸 알고 일해보니 사람들과의 갈등 속에서도 나 자신에 대해 여러 가지를 알게 되더라고요. 나는 이런 것, 이런 사람들을 싫어하고, 저런 건 정말 좋아하는구나 하고요. 작은 일을 하다가도 어디에서 성취감을 느끼는지 알게 되고, 이걸 더 잘하기 위해 무엇을 더 연마하고 어떻게 봐야 할지 계속 연구하게 되니까 일도 더 재미있어지고요. 그래서 당시 제게 이 책이 굉장히 크게 와닿았어요.

이게 무슨 일이야!

최근 인상 깊었던 책은 《돈의 심리학》인데, 꼭 한번 읽어 보세요. 요즘 많은 사람들이 투자를 어떻게 해야 하는지, 자산을 어떻게 관리해야 하는지, 또는 내가 월급 모아서 언제 부자가 되나 하고 생각하잖아요. 돈도 인간의 심리를 잘 파악하면 잘 가질 수 있다고 말하는 책이에요. 돈을 버는 것과 유지하는 것이 어떻게 다른지 등 수많은 사례로 다루고 있어요. 돈에 대해 건강한 철학을 갖게 되는 그런 책이에요.

ⓠ 일을 하면서 계속 수련한다고 하셨는데 지금도 부족함을 느끼세요?

ⓐ 그럼요. 제가 평생 풀어가고 알아가야 할 과제는 디자인과 브랜딩이에요. 배달의민족을 통해 어느 정도 성과를 이뤘고, 저도 만족스럽고, 저나 우리 팀이 가진 재능 이상으로 많은 분들이 좋아해주셨으니 운도 좋았다고 생각해요.

이젠 이렇게 했던 것들을 다른 곳에서도 할 수 있는지, 복기하면서 검증해보는 거죠. 이 과정이 저에게 굉장히 큰 도전이고, 저도 몇 차례 더 해봐야 더 잘 알게 될 것 같아요. 배달의민족에서 했던 걸 그대로 했더니 안 되는 것도 있더라고요.

다시 본질로 들어가서, 맨 밑에 있던 걸 다시 꺼내 보기도 하고, 예전에 읽었던 책들도 다시 꺼내 보고, 이때는 이렇게 해야 하는구나, 이렇게 했었구나 하고 생각을 정리해요. 10년, 20년이 더 지난 다음에 디자이너로서, 경영에 조금 더 새로운 방법론을 제시한 사람으로 기억되면 좋겠다고 생각하며 계속 수련합니다.

ⓠ 추천해주신 책 제목을 빌려 질문을 드리면 봉진 님은 왜 일하세요?

ⓐ 일하는 목적이 뭘까요. 사람마다 다르겠지만 근본적으로 '행복하기 위해서'잖아요. 그 행복의 마지막 종착지가 저는 가족인 것 같아요. 돈을 왜 벌어요? 가족과 재미있게 보내기 위해서잖아요. 맛있는 것 사 먹고, 여행도 다니고, 좋은 것도 사주고, 집에 냉장고 망가지면 새로 사고, 부모님 용돈도 드리고, 명절 때 조카들 용돈도 줘야 하고요. 회사의 한 구성원이 인간으로 살아가는 데는 가족이 가장 중요하기 때문에 가족을 많이 생각할 수 있는 회사였으면 좋겠다고 생각했어요. '송파구에서 일을 더 잘하는 11가지 방법'에 '가족에게 부끄러운 일은 하지 않는다'는 항목도 넣고, 회사에서 일하면서도 가족의 존재를 자주 상기시키기 위해 여러 일을 했어요.

이게 무슨 일이야!

밥.
더 먹고 싶은 날도 있고
덜 먹고 싶은 날이 있는 것처럼
꼭 해야 하지만
더 하고 싶은 날과
덜 하고 싶은 날이 있으니까.

일이란 무엇인가요?
서빙로봇사업개발팀 이호준

1. 먼저 내가 무엇을 잘하는지
   잘 못하는지 알고
2. 내가 가치를 주려고 하는 세상에
   어떤 니즈가 있는지 알고
3. 이것을 같이하는 사람들을
   잘 아는 것

일을 잘한다는 것은 무엇인가요?
물류시스템개발팀 이찬호

복지정책에도 가족과 함께하는 게 많아요. 가족 건강보험이라든가 가족의 생일이나 결혼기념일을 챙기고요. 우리 회사에서 만든 폰트 이름을 자녀 이름에서 따왔어요. 롯데타워로 사무실을 이전하면서 회의실 이름을 구성원들의 아이 이름에서 따오고 그 아이가 직접 쓴 글씨체로 표기해놨어요. 과감하게 투자해서 좋은 어린이집을 만들려고 노력하고요. 이런 것들이 구성원들에게 메시지를 잘 전달할 거라 생각해요. 당신은 결국 가족을 위해 일하는 것이고, 그렇기 때문에 가족에게 부끄러운 일은 하면 안 된다는 의미죠.

Ⓠ '송파구에서 일을 더 잘하는 11가지 방법'을 통해 보여주시기도 했고, 평소에도 '일'을 '잘'하는 것에 대해 많이 고민하신다고 들었습니다. 일을 '잘'한다는 건 어떤 의미일까요?

Ⓐ '일 잘한다'는 의미를 생각하려면 '일'과 '잘한다'는 말을 살펴볼 필요가 있어요. 회사를 다니는 사람이라면 누구나 일을 잘해야 한다는 걸 알죠. 그럼 잘해야 한다는 그 일이란 무엇일까요. 우리가 별생각 없이 일이라고 하지만 다 사전적 의미가 있어요. 포털 사이트에 '일'을 검색하면 '어떤 계획과 의도에 따라 이루려고 하는 대상'이라고 나와요. 이게 일이에요. '의도와 계획'이 있어야 해요.

송파구에서 일을 더 잘하는 11가지 방법

현장에서 일하는 사람이든 디자인하는 사람이든 책상에 앉아 일하는 사람이든, 일하는 사람에게는 일을 시작하기 전에 달성해야 하는 목표나 계획이 있어요. '올해 우리가 주문수를 얼마 달성해야 한다' '편의를 위해 이런 쪽을 더 개발해야 한다' 같은 사업 계획일 수도 있고요. 개인 프로젝트를 하려 해도 이 프로젝트의 목표, 목적은 무엇인지 이야기하게 되잖아요. 식당에서 아르바이트를 하면서도 손님에게 최상의 서비스를 제공한다고 의도하고 계획할 수 있어요. 매일매일 의도하고 계획하지 않더라도, 자연스러운 합의에 의해 정해지는 게 있죠. 이것들이 먼저 수립되지 않으면 사실 일은 시작될 수 없고요. 이것을 잘 수립하고 계속 기억하면서 일하는 게 매우 중요한 것 같아요.

'잘한다'는 것도 검색해보면 '좋고 훌륭하게 한다'라고 해요. 영어로는 'great'라고도 하고, 'good at'이라고도 하네요. 'good at study' 'good at work'라고도 흔히 쓰고요. '잘한다'는 좋은 상태로 만드는 것이죠. 결과물을 만들어야 하는데 그냥 만드는 게 아니라 좋은 상태로 만들어야 하니 계획과 의도를 잘 만들어야겠죠. 결국 '일을 잘한다'는 건 처음에 계획을 잘 세우고, 그걸 잊지 않고 이 일의 목표와 결과가 무엇인지 계속 고민하면서 만든다는 것 같아요.

계획한 것을 잘 만드는 방법은 여러 가지죠. 공격적으로 할 수도 있고 사람들과 함께 친화적으로 협동하면서 할 수도 있고요. 여기서 문화가 나오는 것 같아요. 계획하는 것을 잘 이루는 과정 자체가 문화인 거죠. '서로 약속을 잘 지키고 배려하고 존중하면서 성과를 만든다' '배려하고 존중하면서 계획하고 의도했던 것을 좋은 상태로 만든다'가 우리 문화고, 이게 우리가 말하는 '송파구에서 일을 더 잘하는 11가지 방법'에 기본적으로 들어가 있어요.

Q 일 잘하는 것을 이야기할 때 '번아웃'이 꼭 따라옵니다. 봉진 님도 리더로서 쉬지 않고 오랜 시간 일하셨을 텐데 번아웃 시기는 없었는지, 그 대처법은 무엇인지 궁금합니다.

A 많은 사람들이 리더들은 잠도 안 자고 새벽부터 밤 늦게까지 일한다고 오해하더라고요. 사실 안 그래요. 제가 만난 많은 분들이 알아서 잘 쉬어요. 몰래몰래 잘 쉬는 방법을 터득하고 있어요. 그러니까 여러분도 남에게 들키지 않고 몰래몰래 잘 쉬면서 자신을 리프레시하는 방법을 잘 만들어놓아야 합니다. 정말 중요해요.

인간이 어떻게 번아웃이 안 되겠어요. 인간은 번아웃을

겪을 수밖에 없고 아주 기본적으로, 본질적으로 일을 좋아할 수는 없어요. 일을 좋아하기 위해서 수련하는 거예요. 얼마나 하기 힘들면 수련이라고 하겠어요. 좋아하면 그냥 하면 되는데 정말 하기 싫은 걸 하는 게 수련이잖아요. 그만큼 힘들다는 이야기예요.

Ⓠ 사람마다 휴식에 대해 다르게 해석하는데요, 봉진 님에게는 무엇인지 궁금합니다.

Ⓐ 저는 멍때리는 것 되게 좋아하고요. 새로운 공간이나 장소에 가서 둘러보고 산책하는 것도 좋아해요. 스테이폴리오 같은 곳을 며칠씩 예약해서 그 동네를 경험하고요. 낯선 곳에서 사람들이 살아가는 모습을 보면 되게 재미있어요. 북촌, 서촌처럼 옛날 공간뿐 아니라 우리에게 익숙한 신도시도 마찬가지예요. 신도시의 사람들이 낮에 어떻게 지내는지 보고 있으면 재미있어요. 유아차 끌고 다니는 부모들, 학교 다니는 학생들을 보다 보면 힐링도 되고요. 낯선 곳에 가서 사람들 보는 게 제게 영감을 많이 주는 것 같아요.

최근 양양에 갔을 때도 그랬어요. 계획하지 않고 돌아다니면서 좋은 카페 보이면 들어가고, 평일 낮에 서핑하는 사람들 구경하고요. 해변가에서 사발면을 먹으면서 '나는 왜

이게 무슨 일이야!

이 시간에 서핑 안 하고 일하고 있지' '왜 이러고 살고 있지' 생각하면서 나에 대해 돌아보는 시간을 가졌죠. 스스로를 들여다보는 시간을 계속 갖는 게 중요한 것 같아요.

다니기 좋은 회사 말고
일하기 좋은 회사에 가자

Ⓠ 우아한형제들은 '다니기 좋은 회사'가 아니라 '일하기 좋은 회사'를 만들어오고 있어요. 일하기 좋은 회사를 만들기 위해 특별히 노력하는 부분이 있을까요?

Ⓐ 국내 대기업의 모 회장님께서 먼저 말씀하셨고 우리가 차용해서 쓰게 된 건데, '다니기 좋은 회사'랑 '일하기 좋은 회사'는 다른 것 같아요. 복지만 잘 깔아주면 다니기 좋은 회사죠. 세상에서 가장 좋은 상사는 상사가 없는 거고요, 세상에서 가장 다니기 좋은 회사는 회사에 안 나오는 거예요. 여러 가지 정책을 만들어서 굳이 나오게 하는 이유가 뭐겠어요. 그러니 다니기 좋은 회사가 아니라 일하기 좋은 회사를 만들어야 해요. 일하기 좋게 하기 위해서는 방해가

되는 것을 제거해주고, 일하는 공간에서 구성원들과 더 즐겁게 일할 수 있는 방법을 찾아줘야 해요.

대부분의 사람들이 사회생활에서 크고 작은 어려움을 겪어요. '저 사람은 나를 어떻게 생각할까' '저 사람이 나를 어떻게 평가할까' '내가 지금 잘하고 있는 건가' '내 모습이 사람들에게 어떻게 비칠까' 하면서 상대방을 의식할 수밖에 없는 게 사회생활이잖아요. 회사는 또래들이 모여 있는 곳이 아니라 굉장히 높은 연차의 숙련된 사람과 신입사원이 함께 있고, 나는 열심히 한다고 했는데 일을 오래 한 분들의 성에 안 차는 등 갈등도 많이 생기고요. 그렇기 때문에 회사라는 곳에서는 항상 긴장할 수밖에 없죠.

그래서 구성원들이 즐겁게 일할 수 있는 복지정책을 많이 만들었어요. 기본적으로 배려하고 존중하는 문화를 만들기 위해 많이 노력했고요, 구성원들끼리 서로 어울려서 이야기할 수 있길 바랐어요. 아주 자연스럽게 이뤄진 것도 있어요. 여성 구성원들이 임신, 출산을 하며 1년 정도 공백기를 갖고 돌아왔을 때 사실은 많이 떨리고 긴장된 상태잖아요. 자기가 다녔던 회사지만 1년 사이에 뭔가 많이 바뀌어 있고 그걸 못 따라잡을까 봐 불안한데, 아침에 어린이집

송파구에서 일을 더 잘하는 11가지 방법

에 아이도 데려다줘야 하는 등 정신도 없죠. 새로 입사하는 것보다 더 떨리고 힘들 거예요. 그런 상태로 1년 만에 회사에 왔더니 옆에 있는 구성원들이 현수막도 걸어주고 포스터도 만들어서 붙여주고 자리도 예쁘게 꾸며주고, 박수 치며 맞아줘요. 감동받고, 자신을 믿어주고 좋아해주는 사람들 사이에서 심리적인 안정감을 찾으면서 일할 수 있겠죠. 회사에서 그렇게 하라고 이야기한 적은 없는데, 자연스럽게 그런 분위기를 만들도록 계속 유도했고 구성원들도 그렇게 하면서 서로 무척 좋아진 것 같아요.

회사에서 가장 중요한 게 그런 안정감이에요. '내가 이 회사에서 보호받고 있구나' '내 옆에 있는 구성원들이 나를 좋아하는구나' '최소한 나를 정말로 싫어하지는 않는구나' 이런 걸 느낄 수 있어야 일이 된다고 생각해요. 옆 동료와 경쟁 관계에서 일하는 것도 어느 정도 필요하겠지만 그것만 있으면 지속되긴 어렵지 않을까요? 장기적인 성과를 내기 위해서는 그 조직에 대한 안정감을 느끼게 해주는 게 가장 중요하고, 구성원들이 서로에게 그걸 느낄 수 있는 분위기를 만들어야 하죠.

이게 무슨 일이야!

ⓠ 일을 '잘'하기 좋은 회사는 동료가 좋은 회사일까요?

ⓐ 그렇죠. 여기서 회사라는 주체가 무엇인지도 생각해봐야 해요. 집에 가서 배우자에게 나 오늘 회사에서 안 좋은 일이 있었다, 좋은 일이 있었다고 이야기할 때 그 회사의 주체가 무엇인가요. 사장님도 아니고, 그 누구도 아니에요. 회사에 주체라는 것은 원래 없어요. 유발 하라리가 '회사는 존재하지 않는 것이고 서로의 상상 속에서 만들어낸 거짓말'이라고 이야기한 것처럼 실재하지 않아요. '회사에서 좋은 일이 있었어' '안 좋은 일이 있었어' '무슨 일이 있었어'라고 이야기할 때 그 회사라는 주체는 사실 옆의 동료예요. 내 옆자리에 앉은 동료와 사이가 안 좋아졌을 때나 그 사람이 나를 무시하는 것 같을 때 '나 회사 가기 싫어' '나 회사에서 안 좋은 일이 있어'라고 이야기하는 게 더 많죠. 그렇기 때문에 옆에 있는 동료들과 끈끈하고, 서로 격려하고, 못한 일이 있으면 도와주는 분위기를 만드는 게 일 잘하게 하는 회사의 방법이지 않나 생각합니다.

우아한형제들에는 저를 좋아하는 사람은 별로 없을 것 같은데 동료를 좋아하는 사람들은 되게 많을 거예요. 저야 맨날 '이렇게 합시다' '저렇게 합시다' 이야기만 하죠. 우리 회사에는 좋은 사람들만 모였다고 진짜 다들 이야기해요.

송파구에서 일을 더 잘하는 11가지 방법

'우리 회사에는 여우나 늑대 같은 육식동물은 없고 사나운 토끼 같은 사람들만 있다'고도 자주 이야기하는데 그런 특징을 가진 사람들만 모인 거죠. 이직했지만 송파구 언저리 먹자골목에서 배회하시는 분들이 있던데 이 책을 보면 언제든 돌아와도 좋습니다. 우리는 언제나 여러분을 기다리고 있어요. 정말 좋은 사람들이고 이직했다가도 다시 우리 문화를 생각하며 점점 더 좋은 사람이 되고자 하는 모습을 볼 때 좀 놀랍습니다.

◎ 일하기 좋은 회사를 만들기 위해 공간에 대해서도 많이 고민해오셨어요. 송파구라는 정체성도 그렇고 사무실 공간도 고심하시고요. 공간을 상상할 때 가장 염두에 두는 것은 무엇인가요?

Ⓐ 제가 인테리어를 전공해서 공간에 관심이 굉장히 많아요. 사람들이 공간에 들어왔을 때 어떤 느낌을 갖는지 등을 생각하고 정말 해보는 거죠. 자재를 어떻게 쓸지, 벽이 몇 미터일 때 사람들은 어떻게 반응하는지, 높은 벽이 있을 때는 벽에서 좀 떨어져서 먹는다든지, 둥근 기둥이 있을 때 회전력을 발휘하는지 등 여러 환경이 있잖아요. IT에서는 이런 걸 UI, UX로 전환하기도 해요. 아키텍처가 원래 건축이라

이게 무슨 일이야!

는 의미지만 UI, UX에서도 아키텍처 설계라고 하거든요. 똑같이 건축이라는 용어를 써요. 사람에 대한 관찰과 연구에서 시작되는 게 공간이에요. 디지털 '공간'이라고도 하잖아요. 제가 공간에 관심이 많다는 게 아날로그 공간의 인테리어, 사무 공간에 대한 관심이기도 하지만 온라인 공간, 우리의 서비스 같은 것도 포함하는 거죠.

공간이라는 게 되게 재밌어요. 어떤 집에 가면 그 사람이 어떻게 살고 있는지 보여요. 그 사람이 무엇을 좋아하는지 어떤 생각을 하는 사람인지가요. 얼마나 좋은 가구를 갖다 놨느냐 같은 문제가 아니에요. 예를 들어 많은 사람들이 텔레비전과 소파를 마주 보는 구조로 두는데 그것에 대해 한 번도 생각해보지 않은 분들도 많죠. 왜 그렇게 살아야 하는지요. 처음부터 집이 그렇게 만들어졌기 때문이라고 여길 수도 있고, 실제로 그렇게 의도해놓기도 했겠죠. 그렇더라도 어떤 사람은 기본적인 옵션을 깨요. '텔레비전이랑 소파가 왜 마주 보고 있어야 해' '소파는 왜 거실에 있어야 해' 하면서 의문을 갖는 거죠. 소파를 빼고 식탁을 길게 놓고 가족이 무언가를 하는 공간으로 만들 수도 있잖아요. 소파는 그냥 누워버리기 쉬우니까요. 조금만 달리 생각하면 여

송파구에서 일을 더 잘하는 11가지 방법

러 공간을 만들 수 있어요.

회사도 마찬가지예요. 회사 안에 어떤 공간들을 만드냐에 따라 회사의 철학이 공간에 그대로 담긴다고 생각해요. 애플의 공간에 가면 애플이 느껴지잖아요. 그런 것은 정말로 위대하다고 생각하거든요. 우리 회사도 우리 회사의 기본적인 브랜딩 철학을 담기 위해 굉장히 노력하고 있어요. 구성원들이 일하는 데 좀 더 집중할 수도 있고, 우리 회사의 철학을 공간에서 느낄 수 있도록 하는 거죠.

이번에 롯데타워 입주할 때도 인테리어에 대해 여러 이야기를 많이 했어요. 꽤나 많은 것들이 접목돼 저로서도 좀 만족스럽고요. 처음에 석촌호수 맞은편에 있었을 때 피터팬의 이야기를 가지고 왔고, 그다음엔 올림픽공원 앞에서, 지금 롯데타워의 공간까지 구성원들이 공간에 대해 어떻게 생각하는지, 철학을 느낄 수 있는 공간은 무엇인지 보고 느끼고 해보는 게 좋았던 것 같아요.

제게는 재미있는 실험이고 좋은 기회죠. 원래 건축과 인테리어는 클라이언트가 주는 일을 받아서 요구사항대로 해주는 식이 많죠. 저는 제가 클라이언트면서 진행자이기 때문에 훨씬 더 재미있어요.

저희는 아예 내부에 공간팀이 있어요. 처음에 의도했던

공간을 만들었더라도 구성원들이 어떻게 쓰는지 계속 관찰하면서 수정해요. '이렇게 쓸 거라고 생각했지만 안 쓰네, 그럼 저 공간을 없애고 다른 용도로 만들어야겠다'고 생각하면서 정비, 관리하고 계속 바꿔나가고 있죠.

어쨌든 너무 좋습니다. 어떤 새 공간이든 3개월은 좋아요. 예전에 장은빌딩(우아한형제들 큰집)에 처음 입주했을 때의 놀라움도 생각나고요. 지금 롯데타워와 비교하니 그때의 공간이 좀 작게 느껴지기도 하고요. 롯데타워에 오면서 만든 인포메이션 공간이 정말로 엄청나게 마음에 들어요. 우리 회사가 어떤 회사인지를 옛날 간판들로 한번에 착 보여주거든요.

Ⓠ 일하기 좋은 회사를 만들기 위해서 공간이라는 축만큼이나 시간에 대해서도 많이 이야기해오셨어요. 요즘 근무시간이 화두인데, 이에 대해서도 말씀해주세요.

Ⓐ 우리 회사가 조금 선제적으로 근무시간 단축을 했죠. 주 4.5일제, 35시간제, 최근 주 32시간제는 김범준 대표님이 발표하셨고요. 오해가 있을 수 있지만 '저희는 주 32시간제 하니까 우리 회사로 오세요'라는 게 아니라 정말로 딱 집중해서 일하고 성과를 내면서 업무시간을 줄여보자는 의도예

요. 우리 회사 구성원들을 사나운 토끼에 비유한 것도, 평소에는 순하지만 일할 때는 정말 열정적으로 집중해서 하기 때문이거든요. 그 덕에 우리 회사 성과가 잘 나온다고 생각해요. 일을 정말 열심히 하고 잘하는 사람들이 좀 더 휴식을 취하고 가족과 시간을 보낼 수 있도록 근무시간을 줄인 것이라 이해해주시면 좋을 것 같아요. 그분들에 대한 보상의 의미에 가깝죠.

다른 회사들도 주 35시간까지는 많이 하는 추세죠. 주 40시간까지 일할 때도 있었고요. 역사적으로 노동법을 보면 하루에 12시간 이상씩 주 6, 7일 일하고, 굉장히 많은 시간 일했던 것에서 계속 근무시간을 줄여왔어요. 실제적인 트렌드를 보면 사회가 고도화될수록, 잘 살수록 노동시간은 줄어들 수밖에 없는 것 같아요.

노동에는 두 가지 종류가 있죠. 시간당 생산성을 측정할 수 있는 노동, 시간과 무관하게 생산성을 측정할 수 있는 노동이요. 예를 들어 시간당 몇 건을 한다거나 시간당 처리할 수 있는 일은 시간이 굉장히 중요하죠. 하지만 좀 더 창의적인 일은 시간보다는 얼마나 집중할 수 있는 환경이냐에 따라 생산성이 다른 것 같아요. 저는 우리나라 노동법을 비롯

한 많은 것들이 공장노동법, 공장법에 의거해서 시작됐기 때문에 시간을 굉장히 중요하게 여긴다고 보고요. 창의적인 일을 해야 하는 이 시대에 일하는 분들에게는 시간에 대한 개념이 조금 희미해지고 있다고 생각해요. 주 32시간제를 해도 어떤 분들은 훨씬 더 잘할 수 있으니까요. 근무시간은 이렇게 두 가지 관점에서 바라볼 수 있지 않을까 생각합니다.

◎ 누구나 공간, 시간, 동료 등이 뒷받침되는 좋은 환경에서 일할 수는 없죠. 업무환경 때문에 고민하는 분들에게 한마디 해주신다면 좋을 것 같습니다.

요즘에 정말 훌륭한 창업자 분들이 많고, 일 잘하는 조직들도 많이 생기고 있어요. 무척 바람직한 상황이라고 생각하고요. 다만 이 회사가 이런 방법으로 잘했다고 해서 다른 회사들도 그 회사를 좇으며 획일화된 방식을 따를 필요는 없는 것 같아요. 우아한형제들은 우아한형제들만의 방식, 토스는 토스만의 방식, 야놀자는 야놀자만의 방식, 오늘의집은 오늘의집 같은 방식으로, 각각의 스타일대로 다양성을 만드는 게 좋은 것 같아요.

옛날에는 일을 잘하는 방식이 하나밖에 없었어요. 대기업을 필두로 산업이 막 성장했던 시기에는 윗사람에게 잘

송파구에서 일을 더 잘하는 11가지 방법

보이고, 자기 PR도 잘하고, 상사가 퇴근하기 전에 퇴근하지 않는 게 일 잘하는 거였죠. 지금은 이런 것들이 많이 사라지면서 다양한 방식으로 일하는 회사들이 생기고, 구직하시는 분들에게도 선택지가 다양해졌다고 생각해요. 옛날에는 그 회사의 재무제표나 비전 같은 것을 보고 입사 지원서를 냈어요. 아니면 가족과 친척들에게 떳떳하게 이야기할 수 있는 곳을 찾았죠. 지금은 좀 더 다양한 회사들이 있기 때문에 나는 어디와 잘 맞는지 살펴봤으면 좋겠어요. 맞는 곳이 없으면 본인이 창업할 수도 있고요. 정말 많은 길들이 생겼다고 생각해요.

물론 아직도 좀 모자라죠. 더 많은 방식이 생겨야 할 것 같아요. 우리 회사도 많이 커져서 몇천 명이 일하고, 옆에 있는 스타트업도 그렇다고 하지만 사실 일자리가 많은 건 아니에요. 그러니까 자신이 뭔가를 직접 만드는 방향도 생각해볼 수 있다는 거죠. 더 많은 방식이 나왔으면 좋겠고, 그게 우리 사회가 훨씬 건강해지는 길이라고 생각해요.

일을 잘하고 싶거나 일을 하기 위해서는 내가 어떤 걸 좋아하는지 잘 살펴봐야 하겠죠. 나는 어떻게 일하고 싶은지, 내 내면에 있는 것은 어떤 방식과 어울리는지, 어떤 회사가 잘 맞을지, 자신에게 많이 물어보고 선택하면 좋을 것 같아요. 대학 진학 때 학과 정하는 것과 비슷하겠죠. 내 점수에 맞춰서 가는 학교도 있고 내가 가고 싶진 않지만 부모님께 효도하기 위해 가는 학교도 있고, 남들은 인정하지 않지만 내가 정말 이 과가 좋아서 가고 싶은 것처럼 회사도 마찬가지예요.

세상에는 일하는 다양한 방식이 존재하니 여러 방식을 살펴보고, 이왕이면 자신이 행복하게 할 수 있는 일을 찾기 위해 스스로를 계속 돌아보면 좋겠습니다.

싫어하는 사람과 일하는 방법

장인성 CBO

도망가세요. 답이 없습니다.

_성격 나쁜 동료와 일하는 법, 《마케터의 일》

제가 쓴 책 《마케터의 일》 중 한 구절입니다. 책을 읽은 분들이 SNS에 가장 많이 공유하는 구절이기도 합니다. 그 아래로도 여덟 줄이 더 있는데, 딱 여기까지만 찍어서 올리세요. 그걸 보면서 '아, 같이 일하는 사람과의 관계, 협업하는 동료와의 관계에서 어려움을 느끼는 분들이 많구나'라고 종종 생각합니다. 실제로 어떤 강연을 듣거나 조사결과를 봐도 회사를 그만두는 이유의 상위권에는 늘 '사람이 힘들어서'가 있습니다. 상사든, 동료든 사람 때문에 힘들다는 겁니다. 번아웃의 원인도 가만히 들어보면 일이 빡빡해서라기보다는 같이 일하는 사람들 때문인 경우도 많아요.

'싫어하는 사람과 일하는 방법.' 이 제목을 보고 생각나는 사람이 있나요? 협조 안 해주는 사람, 이 일을 왜 하는지 모르고 그냥 하는 사람, 공유하지 않고 일하는 사람, 그냥 하자고 하는 사람, 남 탓하는 사람, 자기만 옳다는 사람, 방어적인 사람… 이런 사람과 일할 때 우리는 답답하죠. 이상한 사람은 아니지만 뭔가 맞지 않는 사람, 그래서 함께 일하기 싫은 사람과는 어떻게 일해야 할까요?

싫어하는 사람과 일하는 법을 고민하기 전에 우선 그런 사람이 많지 않은 회사로 가야 합니다. 이상한 사람이 없는 회사에 가면 이런 고민은 안 해도 됩니다. '그런 회사가 어딨어!'라고 반문하실 텐데요, 맞습니다. 이상한 사람이 한 명도 없는 회사는 없겠죠. 하지만 이상한 사람이 적은 회사가 있는가 하면, 많은 회사도 있어요. 회사마다 그 밀도가 천차만별이죠. 저는 그 차이가 기업문화 때문이라 생각합니다. 기업문화가 좋은 회사에는 이상한 사람이 별로 없어요.

'기업문화가 좋은 회사에 간다', 당연한 이야기 같지만 현실을 들여다보면 꼭 그렇지만은 않습니다. 여러분이 지금 다니는 회사를 선택한 기준은 무엇이었는지 생각해볼까요. 급여를 많이 줘서, 회사가 성장할 것 같고 괜찮아 보여서, 업무가 재미있을 것 같아서, 복지가 좋아서, 일이 빡세지 않을 것 같아서, 면접 봤는데 붙여줬으니까 등 여러 이유가 있죠. 그중 '기업문화가 좋아서'라는 이유는 생각보다 먼저 나오지 않아요. 기업문화는 '좋으면 좋지' 정도이지 우선순위는 아니었던 겁니다.

이상한 사람과 일하는 게 너무 피곤하고 그게 자신의 성과에 큰 영향을 끼친다면, 좋은 기업문화를 최우선으로 여

거야 합니다. 물론 입사하지도 않았는데 그 회사의 기업문화가 좋은지 나쁜지 알기란 어렵죠. 쉽지 않더라도 꼭 파악하길 권유드립니다. 입사 전에 연봉, 복지, 성과금 등 여러 정보를 다양한 방법으로 알아내는 것처럼, 그 회사의 실제 기업문화를 알아내는 데 총력을 기울여보세요.

우린 모두 이상하다,
어떤 환경에서는

　기업문화가 좋은 회사에 이상한 사람들이 적은 이유가 뭘까요. 그 회사가 이상한 사람을 뽑지 않아서일까요? 이상한 사람들은 기업문화가 좋은 회사에 가지 않아서일까요? 사실 이상한 사람은 따로 없습니다. 이상한 사람은 어떠한 사람이라고 딱 잘라 정의하기도 어렵고요.

　사람은 누구나 이상한 면을 갖고 있습니다. 저도, 이 책을 보는 분도 이상한 면이 있어요. 그렇다고 해서 항상 이상한 건 아니죠. 그러고 싶지 않은데 어떤 환경에서 불쑥 이상한 행동을 하기도 하고, 돌이켜보니 정말 이상한 행동이었는데 결과가 좋은 적도 있어요. 같은 사람도 어떤 환경에 있느냐에 따라 퍼포먼스가 크게 달라진다는 걸 우리는 경험으로 압니다. 그 환경이 결국 기업문화이고요. 좋은 기업문화에는 여러 정의가 있겠지만 저는 경쟁보다는 협력을 지향하는 문화가 좋다고 생각합니다.

경쟁하는 문화에서는 '내가 남보다 낫다'는 것을 끊임없이 증명해야 합니다. 내 의견이 옳고 네 의견은 틀렸고, 내가한 제안이 채택돼야 하고, 이 일이 성공한 건 내 덕이고 저일이 실패한 건 네 탓… 모두 경쟁에서 살아남기 위해 하는일들이에요. 내가 나쁜 놈이어서가 아니라 순진하게, 착하게 굴면 나만 손해니까요. 경쟁하는 문화가 한 사람의 생존본능을 발동시키는 거죠.

부서 간의 경쟁도 마찬가지입니다. 어떤 회사든 부서 간에 반목이 있지만 경쟁하는 문화가 팽배한 회사라면 더 크죠. 마케팅하는 사업부에서 '제품이 이런데 내가 어떻게 파냐' '나는 잘 파는데 제품이 별로다' 하면 제품 만드는 부서에서는 반박하겠죠. '우리 제품이 업계 최고인데 네가 못 팔아서 그렇다' '남 탓하지 마라'고요. 두 부서 모두 업계 최고의 실력을 갖추고 있다 한들, 만나서 무슨 이야기를 나눌수 있을까요. 무조건 서로를 불신하고 상대를 탓하고, 안 된다고 하고, 일정 지키라고 하고, 자기 말만 하게 되죠. 실력

싫어하는 사람과 일하는 방법

을 떠나 이건 개인이나 부서가 해결할 수 있는 문제가 아니에요.

반대로 협조적인 문화는 뭘까요. '이 일이 잘된 건 나 때문도, 너 때문도 아니고 우리가 더 좋은 답을 찾은 덕이다' '우리가 잘한 거다'라고 평가할 수 있는 문화입니다. 내 덕, 네 탓이 아니라 우리의 결과니까 우리가 좋은 결과를 내도록 노력하게 되죠. 예를 들어 마케터와 디자이너가 이야기하다가 디자이너가 '이렇게 마케팅하는 게 어때요'라고 말할 수 있잖아요. 마케터가 듣고 보니 그게 맞는 것 같고 일리가 있으면 그 말대로 할 수 있죠. 내 일도 아닌데 주제넘게 구는 게 아니라 일리 있는 이야기, 우리 일의 결과를 잘 낼 수 있는 합리적인 이야기를 나누는 거죠. 하나의 목표를 향해 가고 있다고 서로 신뢰하는 거죠. 경쟁하는 문화처럼 합리적인 문화 역시 특정 개인의 덕이 아니라 기업문화가 그렇게 짜여 있는 거예요.

이게 무슨 일이야!

'의도를 짐작하기'를
멈춰주세요

선수도 이상한 사람으로 만들고, 이상한 사람도 선수로 만드는 게 기업문화입니다. 이렇게나 중요하다고 알고는 있지만, 모두가 기업문화가 좋은 곳에 갈 수는 없겠죠. 혹은 기업문화가 좋은 곳이라해서 입사했는데 자신이 속한 팀만 안 그럴 수도 있고요.

사람은 좋아하는 사람에게 호의적인 판단을 하고, 싫어하는 사람에게는 부정적인 판단을 하게 되어 있습니다. 자질이 부족해서 그런 게 아니라 원래 인간이라는 존재가 그렇습니다. '난 안 그런데'라고 반응하는 분은 아직 자기 파악이 안 된 겁니다.

예를 들어볼까요. 회의시간에 누가 늦게 들어왔습니다.

싫어하는 사람과 일하는 방법

평소 내가 싫어하던 사람이네요. 나는 그 사람이 왜 늦었다고 생각할까요. 원래 그 사람은 상대방의 시간을 소중히 여기지 않고, 나를 무시하고, 자기만 최고라고 생각하니까, 시간관념이 없으니까 늦은 거라고 생각합니다. 그런데 그 뒤를 이어 또 다른 사람이 헐레벌떡 들어와요. 내가 평소에 존경하고 좋아하는 사람이네요. 그 사람은 왜 늦었을까요. 이 직전에 중요한 회의가 있었을 거라고 생각합니다.

두 사람 다 회의에 늦어서 헐레벌떡 들어왔어도, 한 사람은 원래 시간관념이 없는 사람이라 늦었다고 파악하죠. 저렇게 행동하니까 내가 그 사람을 싫어하는 것도 합리적이고요. 그런데 한번 생각해볼까요. 애초에 그 사람을 왜 싫어했나요. 남의 시간을 소중하게 여기지 않으니까 싫어하죠. 나와의 약속을 지키지 않는 건 나를 무시하는 거니까 싫어하죠. 나만 무시하는 게 아니라 회의에서도 그러니까 싫어하죠. 그러니 싫어할 만하고, 안 그래도 싫은데 싫어하는 짓만 골라 하는 것 같고, 그렇구나 싫구나 그렇구나 싫구나 하면서 악순환을 반복합니다. 그래서 한번 저 사람 이상하다, 싫다고 생각하기 시작하면 그 인식을 바꾸기는 어려운 것 같아요. 웬만큼 큰 계기가 아니면 바꾸기 어렵습니다.

우리가 할 일은 그 계기를 적극적으로 만드는 것입니다.

이게 무슨 일이야!

상대방을 싫어하고 분노하는 마음은 그 사람보다 나 자신을 해치기 때문입니다. 그 사람을 싫어하느라 내가 일 제대로 못하고 내가 괴롭잖아요.

괴로운 여러분에게 저는 이런 제안을 하고 싶습니다. 의도 짐작하기를 멈춰보세요. 우선 그 사람은 굉장히 좋은 의도로 내게 그랬을 거라 가정해봅시다. 내가 싫어하는 그 사람이 앞서 있던 중요한 회의가 늘어지는 바람에 이번 회의에 늦었다고 생각하는 거죠.

진실이 무엇인지 모른 채 평소 내가 했던 생각과 너무 다르니까 어색할 겁니다. 그래도 한번 그렇게 해보는 거예요. 저 사람이 내 제안을 거절하는 이유는 나를 불신하는 게 아니라 내가 미처 모르는 중요한 걸 알고 있고, 나 손해 보지 말라고 미리 돌봐준 거 아닐까, 말도 안 되는 거짓이라도 괜찮으니 과장해서 그렇게 해석해보는 거예요.

그렇게 해석하고 상대방에게 말을 건네면 나도 모르게 내가 쓰는 단어들이 달라집니다. '너 나 무시해서 그러지'라는 말과 '네가 나를 걱정해줘서 이런 이야기까지 해주는 모양인데'라는 말은 엄연히 다르죠. 그렇게 말을 건네면 상대방의 반응도 달라집니다. 평소보다 한결 호의적으로 이야기해요. 그러면서 상황이 개선되는 경우가 왕왕 있습니다.

싫어하는 사람과 일하는 방법

이해가 안 간다는 말은
싫어한다는 말이다

저는 '이해가 안 간다'는 말을 경계합니다. 제 마음을 알아채는 바로미터 같은 건데요, 이해가 안 간다는 생각이 들 때마다 '아, 내가 그 사람을 싫어하는구나'라고 생각합니다. 좋아하는 사람이 나와 전혀 다른 의견을 내거나 다른 행동을 하면, 동의하지는 않아도 그러려니 하고 이해해주잖아요. 그런 측면에서 보면 사실 이해가 안 가는 일은 별로 없어요. 싫어하는 마음을 '이해가 안 간다'고 표현하는 거죠. 바로 이 지점에서 문제도 해결할 수 있습니다. 상대방이 싫을 때, 그러니까 이해가 가지 않는다고 생각될 때 내가 저 사람의 의도를 나쁘게, 다르게 판단하고 있는 건 아닌지 생각해보는 거죠.

이게 무슨 일이야!

반대로 '이해 안 된다'는 말을 들었다면 나는 내 말을 잘했는지, 상대가 부정적인 의도로 피드백할 여지가 내 말에 있지는 않았는지 먼저 생각해봐야겠죠. 전혀 그런 의도가 없었는데 내가 선택한 단어가 상대의 마음을 꽤 상하게 할 수도 있습니다. 내 딴에는 설명한다고 했지만 상대에게 충분하지 않은 부분이 있는지, 대충 설명한 부분이 있는지 한 번 더 짚어보는 거죠.

제가 속한 부서는 디자인실과 협업할 기회가 많습니다. 꽤 좋은 관계로 일을 잘하고 있다고 생각하지만 때때로 갈등도 생겨요. 갈등이 생길 때를 가만히 살펴본 적이 있습니다. 주로 바쁜 프로젝트를 할 때 갈등하더라고요. 서로 '이런 건 알겠지, 이해하고 있겠지' 하면서 충분히 이야기하지 않고 일해요. 그러다 보면 '왜 이렇지?'라는 의문이 들고, 한 번이 두 번이 되고, '설마 나를, 우리 부서를 이렇게 생각하는 건가? 아니겠지, 아닐 거야'라면서 상상해요. 충분히 이야기하지 않으니까 상상하게 되는 거죠.

그런 게 쌓여서 갈등이 생기면 서로 만나서 충분히 이야기하려 합니다. '마케터 사용법' '디자이너 사용법'이라고 하면서 적어보기도 하고, 수십 명이 모여서 서로 서운했던 것을 이야기합니다. 그러다 보면 '그런 이유로 그랬구나' 이해하는 부분도 생기고요. 서로 충분히 이야기하면 대부분 괜찮아집니다.

이렇게나 다양한
일의 세계관

충분히 이야기했는데도 뭔가 잘 안 돌아가는 경우도 있죠. 이건 일에 대한 세계관의 문제일 수 있습니다. 아주 근원적인 이야기지만 여기까지 점검해야 해요. 일에 대해 어떻게 생각하는지, 일이라는 것은 무엇인지 등 각자 어떤 가치관과 생각으로 일하고 있는지 충분히 이야기 나눠야 합니다. 어떤 사람에게 일은 내 생존을 위해서, 재미없지만 어쩔 수 없이 하는 것일 수 있죠. 반면 누군가는 자신의 성취, 성장을 위해서 할 수도 있고요. 일하는 것 자체에 보람을 느끼고 기쁜 사람도 있겠죠. 일을 해서 다른 사람들이 좋아하는 걸 보면 나도 행복하니까 일하는 사람도 있을 겁니다.

세계관에 따라 일하는 방식이 다릅니다. 자신이 정답을

싫어하는 사람과 일하는 방법

안다고 생각하며 일하는 사람도 있고, 애초에 정답이라는 게 없다고 생각하면서 일하는 사람도 있어요. 이 두 유형 사이에는 또 무수히 많은 유형의 사람이 있습니다. 우리는 매일을 처음 사는 것이므로 확신할 수 있는 게 없다고 생각할 수 있죠. 그렇더라도 일할 때만큼은 확신을 갖고 설득해야 한다는 사람도 있습니다. 확신은 할 수 없지만 예측은 할 수 있다고 생각하는 사람도 있어요. 세상이 100개의 퍼즐로 되어 있다면 내가 가진 서너 개, 상대방이 가진 서너 개를 모아 일고여덟 개로 이쪽이라고 예측하는 거죠. 이쪽일 것 같지 않냐며 동의를 구하고 그럴 것 같다며 동의하고 합의하면서 이렇게 하자고 결정하는 거지 정답은 없다고 말합니다.

일을 하면서 약점은 숨겨야 한다는 세계관도 있습니다. 약점을 드러내면 평가에서 불이익을 받는다고 여기거나 적어도 약점을 고치라는 말을 듣는다고요. 약점이 고쳐지지 않으면 고통받는 건 자신이니까 철저히 숨기거나 어려움을 견디는 분도 있을 겁니다. 한편으론 강점이 있으니 약점도 있기 마련이라고 생각하는 사람도 있습니다. 팀으로 일하는 이유는 팀 구성원들의 강점을 모으기 위해서라고요. 내가 약한 부분은 다른 사람이 맡아줄 수 있기에 오히려 약점을 사람에게 알려야 한다고 말합니다. 그편이 안전하고, 우리

일의 세계관

일은 재미없다 - 일은 재미있다

사람은 정답을 안다 - 정답은 없다, 아무도 모른다

설득할 땐 확신을 가진다 - 설득할 땐 확신을 버린다

약점은 숨긴다 - 약점을 알려도 안전하다

약점을 보완한다 - 강점을 잘 쓴다

우리 조직에 실패는 없다 - 아무도 잘못하지 않아도
일은 때로 실패한다

상사 마음에 들게 - 고객 마음에 들게

팀이 일을 더 잘하는 방법이라 믿는 거죠.

　일의 세계관은 이렇게나 다양합니다. 그걸 서로 모르고 일하다 보면 당연히 안 맞고 답답하죠. 얼마나 다른지 또 얼마나 같은지 이야기하다 보면 이해할 수 있는 지점이 생기고, 또 그 지점에서 함께 일할 수 있는 것이고요.

안 중요한 사람이 중요한 프로젝트를 망치도록 두지 말자

일의 세계관까지 공유했지만 '우리는 정말 안 맞는다' '도저히 같이 일할 수 없는 사이'라는 결론에 이르게 되는 사람이 있습니다. 그럴 수 있죠. 막다른 길에 몰린 셈인데요, 그럴 때에는 우선 이런 질문을 해봐야 합니다. 내가 그 사람을 싫어하는 데 쓰는 에너지, 싫어하는 그 마음이 중요한지 아니면 내가 맡은 일을 더 잘해내는 게 중요한지 말입니다. 무엇이 더 중요한지 물어보세요.

그 사람을 진심으로 싫어하는 게 더 중요하다면, 할 수 없습니다. 싫어하고 미워하는 내 마음에 집중해야죠. 일의 결과는 잘 나오지 않겠지만 말입니다. 만약 자신의 일을 더 잘하는 게 중요하다면 내 일이 다치지 않도록 내 일을 우선순위로 두면 됩니다.

어떤 사람들 때문에 내 퍼포먼스가 잘 나오지 않을 수 있습니다. 사람이니까요. 내가 좋아하는 사람 때문에도 그럴 수 있어요. 가족 누군가가 아파서 간호하느라 일에 온전히 신경쓰지 못할 수도 있잖아요. 최상의 상태로 일에 최선을 다하지 못한 건 아쉽겠지만, 괴롭거나 고통스럽거나 후회스럽진 않을 겁니다. 소중한 사람, 좋아하는 사람을 위해 내 시간을 쓴 것이니까요. 반대로 내가 소중히 여기지도, 좋아하지도 않는 사람 때문에 내 일에 집중하지 못했다면 어떨까요. 그런 일은 있어서는 안 되는 겁니다. 그 사람이 나와 내 일에 영향을 미치지 못하도록 내 감정을 꺼야 합니다. 맹렬히 싫어하는 것만큼이나 엄청 좋아하는 마음도 가라앉혀야 합니다. 썩 중요하지도, 안 중요하지도 않은 태도로, 마음을 고요한 상태로 꺼두길 권합니다. 어려운 미션이지만 각자의 노하우를 찾으면 좋겠습니다.

어쩌면 감정을 끄는 것보다 더 중요한 게 있습니다. 싫어하는 사람과 일한다면 일을 더 철저하게 마무리하세요. 인간관계는 상호관계입니다. 내가 그 사람을 싫어한다면 그 사람도 나를 싫어하고 있을 가능성이 높습니다. 자칫 잘못하면 그 사람 주변에 내가 이상한 사람으로 소문나서 구설수에 오를 수도 있어요. 그러니 그 사람과 일할 때는 꼬투리 잡힐 것 없이 잘하는 게 중요합니다. 늦게 회신하지 말고, 매일 하는 일이라도 좀 더 예의 바르고 철저하게 더 잘 챙기면서 일해야 해요. 더 힘들 수 있겠지만 오히려 일의 퍼포먼스는 더 잘 나올 수 있습니다. 싫어하는 사람과 일했는데 결과는 오히려 좋을 수도 있는 거죠.

싫어하는 사람과 일하는 방법

도망가도
됩니다

이렇게까지 했는데도 안 될 수 있습니다. 할 수 없죠. 그때는 도망가세요. 도망가도 됩니다. 인간은 환경의 동물입니다. 똑같은 인간이 어느 자리, 팀, 회사에서 어떤 사람들과 섞여 있느냐에 따라 일의 성과도 탁월하고 협력도 잘하는 인재가 되기도 하고, 배타적이고 남 탓하는 방어적인 사람이 될 수 있습니다. 저도 20여 년 일하는 동안 그 사이를 많이 왔다갔다 한 것 같아요. 그래서 도망가라고 도망가도 된다고, 확신을 가지고 이렇게 말할 수 있게 되었네요. 도망가되, 앞에서 말씀드렸죠? 이번에는 기업문화를 1순위에 두고 다른 곳으로 도망가세요. 어쩌면 우리 만날지도 모르겠네요.

이게 무슨 일이야!

좋은 마음을 더 좋은 마음으로 만드는 일

싫어하는 사람과도
잘할 수 있는 일의 본질

'싫어하는 동료와 일 잘하는 법'을 좀 더 확장해보면 '내 동료와 일 잘하는 법' 아닐까요. 회사에 싫어하는 사람이 생기는 이유는, 회사이기 때문에 불편해도 해야 하는 일들이 있기 때문일 겁니다. 피드백, 성과평가, 역할 분담과 협업 등이요. 이러한 일들의 본질을 좀 더 잘 알아야 싫어하는 사람과도 일할 수 있고, 더 잘할 수도 있지 않을까 생각하며 이와 관련된 이야기를 해볼까 합니다.

저의 신입사원 시절을 이야기해볼게요. 저는 처음부터 마케터가 돼야겠다고 진로를 정한 건 아니었어요. 대학도 공대에 갔으니까요. 그런데 막상 공대에 갔더니 재미가 없더라고요. 저라는 사람은 행복, 죽음, 삶, 사람의 마음이라는 우주에 관심이 많았는데, 학교에서 배우는 건 전혀 다른 세계였죠. '내가 왜 이런 걸 배우고 있지' 하면서 영화 보고 음악 듣고 문화예술에 빠져서 학창시절을 보냈어요. 직감적으로 예술가가 될 수는 없다고 느꼈지만 직장인이 할 수 있는 예술이라고 생각한 광고에 관심을 갖고 광고 동아리 활동을 했어요. 그런데 광고를 업으로 삼으려고 하니 광고회사 다니는 선배들이 말리더라고요. 결국 광고와 거리가 멀지 않은, 브랜딩 하는 회사에 들어갔습니다. 그러고 보니 계획적으로 한 것은 하나도 없네요.

사회생활을 시작하고 1, 2년은 즐거웠어요. 새로운 환경에서 내가 뭐라도 하는 것 같고 월급도 받으니 당연히 재미있죠. 문제는 그 시기가 지나고 나서부터였어요. 호수 위 작은 배에서 노를 열심히 젓고 있는데 아무것도 안 보이는 막막한 기분이랄까요. 분명 어디론가 가고 있는데 어느 방향으로 가는 건지 알 수 없었어요. 밥 먹을 틈도 없이 일하고 밤늦게 퇴근해서 나를 위한 시간은 하나도 없다 보니, 내가 어느 정도 하고 있는지, 어디쯤 가고 있는지 몰랐던 것 같아요.

게다가 저는 생각의 단서들을 토대로 답을 찾아가는 걸 좋아하는데, 제가 이야기하면 근거 없는 의견이라는 피드백

싫어하는 사람과 일하는 방법

을 받기 일쑤였습니다. 누가 무엇을 어떻게 생각했는지 권위 있는 사람이 말하면 그게 맞다는 논리였어요. 물론 권위 있는 사람의 생각이 더 맞을 수도 있죠. 어느 쪽이 옳다, 그르다고 평가할 수는 없지만, 결국은 앞에서 말한 일의 세계관과 연결되는 이야기예요.

일에 재미를 느끼지 못하다 보니 취미인 사진에 엄청 몰입했습니다. 일 대신 사진을 열심히 찍으면서 '사진이나 글쓰기를 직업으로 발전시켜볼까' 하는 생각도 했죠. 그러던 어느 날 당시 함께 일하던 대표로부터 사진을 그만 찍으라는 피드백을 받았어요. '대표면 대표지, 왜 나의 24시간을 통제하려는 거지?' 그때는 대표의 말이 합당하지도 논리적이지도 않은 요청이라 생각했어요. 그런데 아이러니하게도 한편으론 이 무리한 요청을 받아들이면 뭔가 좀 다른 생활이 열릴 것 같았어요. '그래, 사진에 쏟는 에너지를 일에 다 쏟아보자'는 마음으로 반전을 노리며 쓰던 카메라들을 다 팔아버렸죠. 본업을 잘하고 싶은 생각이 없으니 일이 재미없고 재미가 없으니 일을 못하고, 그러니 다시 일이 재미없어지는 악순환의 고리를 1년만 끊어보자고 결심한 거예요. 직장생활 4, 5년 차, 30대 초반의 일입니다.

그 좋아하던 취미생활이 사라진 빈 시간에 무엇을 해야

할지 고민되더군요. 우선 일이 많든 적든 가장 일찍 출근하고 가장 늦게 퇴근하는 사람이 되어보기로 했어요. 회사에 일찍 가니 전날 다 마치지 못한 일도 좀 보게 되고, 남은 일을 찾기도 하고 괜히 이곳저곳 청소도 해보고 회사에 꽂혀 있는 책들도 들여다봤죠.

재미있는 게, 가장 늦게 퇴근하겠다고 마음먹고 나니 다른 사람들이 무슨 일을 하는지 관심이 생기더라고요. 남들이 어떻게 일하는지 보면서 그 사람이 왜 그렇게 일했는지 자연스럽게 이해하게 됐죠. "제가 뭐 할 거 없나요?" 하고 물어보기도 했고요. 그러다 보니 사람들이 저와 협업하는 방식도 달라졌어요. 저에게 뭔가 부탁할 때의 태도나 제가 모르는 걸 물어봤을 때의 답변도 확연히 달라졌죠. 맡은 일을 겨우 해내는 것과 시간이 남아서 뭔가 더 할 게 없는지 찾으면서 일하는 것은 꽤 달랐습니다. 결과적으로 그 해에 한 프로젝트들이 엄청 잘됐고, 1년이 지났을 때 스스로 '아, 나는 다른 사람이 됐구나' 하고 느꼈습니다. 사람들이 함께 일하고 싶어 하는 동료로 인정받는 기분이 들었달까요. 물론 부작용도 있었어요. 1년 동안 약속을 하나도 안 잡다 보니 그때 어울리던 친구들하고 좀 멀어졌어요.

싫어하는 동료보다
변하지 않는 환경이 더 무섭다

  개인적으로는 가치 있는 경험이었지만 이 방식이 꼭 옳다고 생각하진 않아요. 예전에는 저도 '개인이 일을 잘해서 성과가 나면 본인도 발전하고 보람도 느끼고 얼마나 좋아'라고 생각했는데 그런 바람이 작동하지 않는 환경도 분명 있더라고요. 몇 년 전 《마케터의 일》을 쓸 때만 해도 개인이 노력하면 된다고 생각했는데, 요즘에는 환경이 다르면 어쩔 수 없다고 생각해요.

  내가 아무리 노력해도 변하지 않는 환경도 있으니까요. 싫어하는 동료보다 변하지 않는 환경이 더 무섭다고도 생각합니다. 사람도 성향이 있고 회사도 그 회사만의 성격이 있는데 우리는 그걸 모르고 회사에 들어가잖아요. 학생 때는 이름 들으면 알 것 같은 회사, 시스템이나 복지도 잘 갖춰져 있고 월급도 적지 않게 주고, 다음 스텝으로 가기 좋은 회사에서 일하고 싶다고 생각하죠. 반면 그 회사의 일 문화나 내가 거기 들어가서 어떤 일을 어떻게 하게 될지는 상대적으로 덜 그려보는 것 같아요. 물론 회사의 문화가 어떤지 입사 전부터 정확히 알기는 어렵겠지만, 그 회사가 생각하는 일의 정의나 직무의 범위가 무엇이고, 일하는 환경이 어떤지 숙고해봐야 해요. 그에 따라 일하는 모습이 전혀 다르니까요. 결혼생활이 전부 똑같다고들 하지만 막상 들여다보면 전부 다른 것처럼요.

내가 무엇을 좋아하고 어떤 일을 잘하는 사람인지 어떤 일을 할 때 신이 나는지 아는 것도 중요하죠. 그것을 알고 갈고닦고 키우려면 회사와 개인이 잘 맞아야 해요. 결국 환경이 중요합니다. 제 경험을 돌이켜보면 자신에게 맞는 문화가 있는 회사를 만나기란 대체로 운의 영역에 해당하는 것 같지만, 언제까지고 운에만 맡길 수는 없잖아요. 그냥 눈 감고 룰렛 돌리듯이 또 운에 기대지 말고, 첫 번째 회사에서 고난을(?) 겪으면서 얻은 것과 싫은 것을 돌이켜보면서 회사와 나에 대해 동시에 파악해야 합니다.

나도 몰랐던 나와
끊임없이 마주하게 하는 거울.

일이란 무엇인가요?
서비스브랜딩팀 박민재

'왜'를 놓치지 않는 것이
마케터의 일이자 우리의 일

일에 대한 정의가 그렇듯 마케터의 정의도 제각각이죠. 마케터는 무슨 일을 하는 사람이냐는 질문을 정말 많이 받는데, 마케터는 우리의 상품, 서비스와 소비자 사이의 문제를 해결하는 사람이에요. 물론 이 정의는 마케터뿐 아니라 디자이너, 개발자, 기획자에게도 해당되죠. 그렇지 않나요? 디자이너, 기획자, 마케터, 모두 해결사예요. 사용하는 기술이 다를 뿐이죠.

일할 때에는 이유가 있어야 하고 그걸 바탕으로 목표를 이뤄야 해요. 저는 마케터의 일, 아니 우리의 일에서 가장 중요한 것은 '왜를 놓치지 않는 것'이라고 생각합니다. 처음에 A, B, C, D라는 목표를 갖고 시작했더라도 일하면서 A

싫어하는 사람과 일하는 방법

가 사라지기도 하고 E가 나타나기도 하고, 목표를 주거니받거니 하면서 탄생부터 마무리까지 해나가는 게 일이죠. 그런데 많은 사람들이 이유와 목표를 잊고 자꾸 기술에만 집중해요. 데이터를 분석해서 수치를 내놓고 배너광고를 거는 것도 분명 필요한 일이지만, 그 뒤에 있는 이유를 소홀히 하면 단순한 과정일 뿐이죠.

나아가 마케터가 갖춰야 할 자질 몇 가지가 있습니다. 우선 공감능력과 호기심이 있어야 하고, 인과관계를 분석하는 능력, 문화예술적 감각이 있으면 좋습니다. 마지막으로는 협업 감각이 필요하고요.

공감능력은 그냥 '맞아, 맞아' 하는 게 아니라 마음에 대한 상상력이에요. '내가 이렇게 말하면 저 사람이 화를 내겠지' '관심을 가지겠지' '내 제안을 거절하겠지' 혹은 '승낙할 수밖에 없을 거야' 하고 상상할 수 있는 능력이요. 선천적으로 타고나기도 하지만 관찰하면서 더 보완되기도 해요. 인스타그램 보면서 사람들이 어떻게 생각하는지 관찰하고 상상할 수 있잖아요. 이를테면 '요즘 20대 사회초년생 여성은 어떤 생각을 할까?'처럼 나와 전혀 다른 사람을 파악할 때도 공감능력이 필요합니다. 사실 마케터로서의 공감능력은 나와 전혀 관계없는 사람들을 대할 때 더 필요해요. 공감능력이 없으면 상상력이 부족하니 남들이 해놓은 마케팅을 똑같이 흉내내서 베끼는 것밖에 못해요. 카피 한 줄을 쓰더라도 사람들의 마음이 어떨 거라고 상상하기보다 그냥 흔히 쓰는 문장을 쓰는 거죠.

호기심은 한마디로 일상에 대한 공부예요. 마케터는 소비자 전문가, 즉 사람에 대한 전문가잖아요. 회사에서 업무시간에 열심히 통계자료나 유료 리포트를 들여다보면서 공부하는 사람과, 평소 퇴근 후 보내는 자신의 일상에서 호기심을 갖고 관찰하는 사람의 역량은 확연히 다릅니다. 사회 초년생 때야 다 비슷하겠지만 나중에 보면 일의 결과물 차이가 큽니다.

인과관계를 잘 파악하는 능력은 마케터뿐 아니라 일하는 사람 모두에게 중요한데요. '생각하는 능력'으로 바꿔 말할 수도 있어요. 무엇보다 일의 원인과 결과를 잘 이어붙일 수 있어야 해요. 지금 무엇 때문에 일이 안 되는지를 알아야 하는데 그걸 모른 채 무턱대고 열심히만 하는 사람들도 많죠. 원인과 결과를 잘 알아야 문제도 해결할 수 있는데 말이죠.

싫어하는 사람과 일하는 방법

요즘 IT업계는 데이터가 워낙 다양하게 실시간으로 나오고, 이걸로 많은 것들을 파악할 수 있다 보니 숫자를 보다가 사람을 못 보는 경우가 종종 있는 것 같아요. 온라인이나 앱 마케팅에서는 어쩔 수 없는 일이라고 생각하면서도, 데이터를 볼 줄 아는 능력만큼이나 데이터의 관계를 연결하는 통찰능력도 필요합니다. 숫자 위주로만 보다 보면 문제가 생길 수 있거든요. 수치가 명확하게 나오지 않으면 '모른다'고 해야 하는데, '0'이라고 여기는 오류를 범해요. 숫자로 보이지 않으니까 아예 '0'이라고 생각해버리는 거죠. 다시 말하지만 0이 아니라 모르는 겁니다.

　　브랜딩에서도 그런 오류가 많이 일어나요. 우리가 얼마짜리 쿠폰을 몇 장 써서 몇 명의 소비자를 더 확보했는지 숫자로 쉽게 계산할 수 있죠. 하지만 신춘문예 같은 행사가 우리 브랜드에 어느 정도 기여했는지는 수치화하기 어려워요. 그렇다고 해서 0은 아니거든요. 정확하게 계산할 수는 없지만 긍정적일 거라고 믿고 가는 것과 0이라 믿는 것은 나중에 다른 결과를 낳죠. 그런 오류를 범하지 않도록 조심해야 하고, 인과관계를 파악하는 능력이 그만큼 중요합니다.

　　이 능력은 작은 회사가 마케팅을 잘하는 방법과도 연결됩니다. 초기 스타트업이나 작은 회사들은 '우리는 저 큰 회

사들만큼 돈이 없어. 이런 상황에서 무얼 해야 하지?'라고
고민하죠. 하지만 규모가 작은 게 꼭 단점은 아니에요. 장점
도 있죠. 대기업 마케팅의 어려움을 짐작해볼까요. 대기업
이 되면 특정 타깃에 집중하기가 참 힘들어요. 이미 우리 브
랜드를 아는 사람이 수천만 명이잖아요. 그에 비해 작은 브
랜드, 이제 시작하는 브랜드는 공략점이 분명합니다. 남녀노
소가 우리 브랜드를 다 쓰지 않아도 돼요. 다만 우리 브랜
드에 대해 이야기했을 때 "와, 이건 나를 위해 나온 거구나!"
하고 반드시 반겨줄 사람이 있어야, 그런 사람들이 먼저 써
줘야 성공할 수 있어요. 우리 브랜드를 반겨주는 사람, 우리
브랜드가 사라지지 않기를 바라는 사람들을 상상하고 바라
보고 그들에게 다가가야죠. 열정적인 팬을 만들 수 있습니
다. 이 장점을 적극적으로 활용하는 데서 시작해야 해요.

마케터의 자질을 이야기하다 여기까지 와버렸는데요,
네 번째로 문화예술을 많이 접해야 해요. 마케터는 말, 소
리, 이미지, 영상을 통해 소비자에게 가닿을 수 있어요. 즉
매체를 통해 소비자와 만나는데, 소비자들은 논리적으로
이해가 되거나 옳은 말에만 반응하지는 않죠. 눈에 잘 보여
야 하고 매력적이어야 하고, 그럴듯하게 들려야 하고 나도

싫어하는 사람과 일하는 방법

그렇게 되고 싶다는 열망을 일으켜야 해요. 카피나 이미지가 품고 있는 예술성, 마음의 호소와 감성적인 움직임을 모른 채 머리로만 설득할 수 없어요. 내가 사람들의 마음을 울리는 카피를 직접 쓰지는 못해도, 적어도 두 개의 카피 중에 어느 쪽이 더 마음을 울리는지 구분할 수는 있어야 해요. 이미지를 봐도 뭐가 팔리는 이미지인지 알아야 하고, 영상이나 소리도 스스로 감각적인 해석을 할 수 있어야 사람들에게 감각적인 걸 들려줄 수 있죠.

제가 이야기하는 문화예술은 뭔가 심오한 그런 게 아니에요. 유행하는 노래, 드라마, SNS를 떠도는 재치 넘치는 드립, 오감에 어필하는 모든 것을 이야기하는 거예요. 저는 정말 다양한 것들을 봐요. 직업병처럼 이것저것 계속 봐요. 요즘은 볼 게 정말 많잖아요. TV를 보면서도 손에는 스마트폰을 들고 있죠. 이런 환경에서 사람들은 광고 메시지를 적극적으로 안 봅니다. 봐도 기억하지 않고요. 그러니 사람들이 우리 브랜드의 목소리를 듣게 하려면 더욱더 고민해야 해요. 수많은 이야기들을 뚫고 가닿으려면 그만큼 심플하면서도 구체적이고, 쉽게 꽂히는 것이어야겠죠. 제가 쓴 책도 수사적으로 멋진 문장은 거의 없어요. 그냥 회사에서 선배가 후배에게 고민상담을 해준다는 생각으로 아주 읽기 쉽게 썼죠. 저자의 목소리가 들리는 느낌으로, 서너 시간 만에 읽을 수 있는 책이면 좋겠다는 의도였어요. 때로는 쉬운 문장이 가장 예술적인 문장이 될 수 있거든요. 또 어떨 때는 아주 심오한 문장이 마음을 울리기도 하고요. 시대를 풍미한 히트곡의 가사들을 떠올려보면 너무 쉽지만은 않잖아요. 그 차이를 알려면 늘 문화예술을 많이 접하는 수밖에 없어요.

일 잘하는 마케터, 일 잘하는 사람이 갖춰야 할 마지막 다섯 번째 자질은 협업 감각인데요. 이 이야기를 이어가볼까요.

나를 지키며 일하는 사람으로
남고 싶다면

◎ 협업을 잘하는 방법을 알고 싶습니다.

ⓐ 협업에서 꼭 알아야 할, 짚고 넘어가야 할 기본이 있어요. 우선은 우리의 배경, 이 일을 왜 하는가라는 출발점과 그래서 이루고 싶은 것이 무엇이냐는 목표, 이 두 가지에 대한 합의가 이뤄져야 해요. 내가 생각하는 것과 협업하는 사람이 생각하는 게 다를 수 있거든요. 모두가 같은 그림을 그리는 게 협업의 기본적인 전제조건이어야겠죠. 앞에서 마케터의 일에 대해 이야기할 때도 '마케터는 기술자가 아니라 문제해결사'라고 정의했잖아요. 우리가 협업하는 일에 대해서도 정의를 또렷하게 내리지 않으면 기술과 지엽적인 이야기들만 또 하게 돼요. 결국 누군가가 하자고 하니까 하는

일, 너는 하고 싶지만 나는 하기 싫은 일, 왜 하는지도 모르고 하는 일이 되어버리죠.

Ⓠ 회사의 구성원으로서 목표는 같을 수 있지만, 그걸 이루는 과정에서 개인의 온도 차가 있을 텐데요. 누군가는 좀 더 개인적인 삶에 집중하고 싶을 수도 있고 누군가는 아닐 수도 있죠. 그런 삐걱거림은 어떻게 줄일 수 있을까요.

Ⓐ 말씀하신 것처럼 일에 대한 세계관이 아무리 비슷해도, 그 세계관 내에서 개인들의 목표는 조금씩 다를 수밖에 없어요. 일하는 모습도 달라지죠. 누군가는 주어진 업무만 하는 게 좋을 수도 있고, 누군가는 때 되면 이직하는 게 목표일 수도 있고, 누군가는 지금 다니는 회사에서 성공하고 싶을 수도 있겠죠. 옳고 그름으로 나눌 수는 없지만 오묘한 차이가 조직의 분위기나 성과에 영향을 미치는 건 사실이에요. 그래서 조금 빤한 답변일 수도 있지만 되도록 처음부터 맞는 사람들을 뽑으려고 해요. '우리 회사는 이런 사람들을 좋아합니다' '우리 기업문화는 이렇습니다' '우리는 이렇게 일하고 있어요!'라고 홈페이지에 '인재상'이라는 이름으로 만방에 알리는 이유도 그런 거예요. 그러면 우리와 비슷한 사람들이 우리가 보내는 메시지에 끌려오는 거죠.

싫어하는 사람과 일하는 방법

사고를 바탕으로
새로운 가치를 만드는 행위이면서
스스로 굉장히 즐거운 것.

일이란 무엇인가요?
웹프론트개발그룹 신성환

Ⓐ 밝고 좋은 에너지를 가진 사람이요. 일이 되게끔 하고, 일을 통해 뭔가 더 나아지고 싶은 사람과 일하고 싶어요. 밝은 사람이라고 하면 외향형을 떠올리는 분들이 있는데요. 외부 활동을 많이 하거나 친화력이 좋거나 커뮤니케이션을 잘하는 사람들을 가리키는 게 아니라, 일을 되게 하는 사람이 에너지 좋은 사람이라고 생각합니다.

일을 잘하고 싶어 하는 사람이면 좋겠어요. 누가 동기부여를 해줘야 하는 게 아니고, 일을 잘한다는 것이 내 삶에 어떤 가치를 발휘하는지 스스로 잘 알고, 하고 싶은 일이 있고, 그 일을 통해 성장하고 싶고, 동료들 사이에서 해야 할 일을 찾고, 일이 재미있고 즐거운 사람. 일에서 의미를 찾는 사람이면 좋겠네요. 이런 분들과 일하면 어떤 문제든 풀어보고 싶고, 잘 풀 수 있을 것 같아요. 일이 되게 하는 방법을 함께 찾아내죠.

잘하고 싶은 마음이 없는 사람과 뭔가를 같이 한다는 건 참 어려워요. '보람은 됐고 돈으로 주세요' 같은 말이 한때 유행했는데, 이렇게 생각하는 게 온전히 개인의 책임은 아니고 그렇게 생각할 수밖에 없게 만드는 환경이 있죠. 회사와 본인이 잘 맞아야 된다고 했잖아요. 회사에서 시킨 일만 욕먹지 않을 만큼 하고 월급이나 잘 받아야겠다는 생각이 든다면 지금 그 환경에서 나오셔야 돼요. 아니, 그렇게 살아도 되죠. 그걸 원하는 사람이라면. 다만 일에서 즐거움을 느끼고 일 잘하는 사람이 되고, 일에서 의미를 느끼고픈 삶과는 거리가 멀잖아요. 다르게 살고 싶다면 다른 액션이 필요하죠.

Q 좋아하는 사람과 일을 더 잘하는 방법도 있을까요.

A 협업을 잘하려면 이 일을 왜 하는지, 무얼 하고 싶은지 공유해야 한다고 했는데요. 이때 중요한 게 바로 감정이에요. 나를 믿고 존중해주는 사람과 나를 부정하는 사람이 말하는 메시지는 정말 다르게 들리거든요. 논리적으로 옳은 메시지라고 해서 꼭 받아들이는 건 아니잖아요. 어쩌면 이유와 목표를 공유하기 전에 서로 감정적인 공유가 먼저 이루어져야 한다고도 말할 수 있겠네요. 감정적으로 통하지 않으면 논리적으로도 통하지 않아요. 흔히 일에서는 감정을 배제하자고 말하지만, 어쩌면 본인이 감정적으로 케어할 수 없어서 핑계 대는 것 아닐까요. 우리가 꿈꿔왔던 목표를 다 같이 달성하려면 저는 무엇보다 감정이 중요하다고 생각해요.

이게 무슨 일이야!

다만 회사에서 감정을 배제하려는 이유는 성과평가와도 연관되어 있는 것 같아요. 성과나 승진 등에 감정이 작용하면 곤란하니 회사에서는 감정을 배제한 커뮤니케이션을 하라고 하죠. 이때는 감정의 관점을 바꾸어볼 필요가 있어요. 감정을 단순히 '좋아하는 사람에게 잘해주자'로 접근하는 게 아니라 '내 의견이 먹히게 하려면 듣는 사람의 감정을 배려하자'고 생각하는 거죠. 결국 감정을 잘 활용할 줄 알아야 한다는 것이지, 감정을 완전히 배제한 커뮤니케이션을 하라는 게 아니라고 생각합니다.

일을 하다 보면 당연히 동료와 가까워지고 친해질 수 있죠. 친한 사람과 일하는 장점은 서로 어떤 말을 해도 오해하지 않고 받아들일 준비가 되어 있다, 공감과 신뢰를 얻기 쉽다는 것 아닐까요. 단점이라면 서로 비판 없이 상대방의 말에 그냥 좋다고만 할 수도 있죠. 이 부분을 서로 잘 알아차려야 해요. 그냥 서로 좋아서 좋은 건지 아니면 진짜 좋은 의견이어서 좋다고 하는지 알아볼 수 있어야죠. 이것이 좋아하는 사람과 일을 더 잘하기 위해서 좋아하는 감정을 잘 활용하는 방법이라고 봅니다.

내가 들고 있는 배턴을
동료나 협업자의 흐름에 맞게
잘 넘겨주는 것.

일을 잘한다는 것은 무엇인가요?
브랜딩X팀 심광남

ⓠ 팬데믹과 엔데믹을 지나며 팀워크를 꾸리는 방법과 방향성이 어떻게 달라졌을까요. 일하는 방식도 변했는지 궁금합니다.

ⓐ 처음에는 재택근무로 바뀌는 변화에 잘 적응하지 못했어요. 사람의 몸은 관성을 따르게 되어 있고 20년 넘게 회사에 출근해서 일했으니까요. 게다가 우리 회사의 장점이 스몰 토크예요. '이거 어떻게 해?'라고 하면 옆자리 사람이 대답해주고, 또 그 대답을 들은 사람이 뒷자리에서 알려주고 어느새 모여서 즐겁게 답을 찾고 있어요. 회의를 따로 안 잡아도 되고 '시간 괜찮은데 잠깐 이야기할까' 하면서 이런저런 아이디어를 내고 레퍼런스를 순식간에 만들어냈죠. 그런 무기를 못 쓰게 된 거예요. 주력으로 쓸 만한 도구가 사라진 거죠. 초반에는 이런 상황이 나아지길 기다리던 사람들도 어느 순간부터 옛날로 완전히 돌아갈 수는 없다는 걸 깨달았죠.

이젠 새롭게 주어진 도구들을 잘 쓰면서 새로운 시대에 적응해야 한다고 생각해요. 슬랙이나 온라인 회의 같은 것들로요. 이게 예전의 도구들보다 좋냐고 묻는다면, 그렇진 않아요. 하지만 나름의 장점이 있어요. 일단 슬랙을 통하지 않고 오가는 이야기가 없으니까 실시간 참여하지 못한 대

싫어하는 사람과 일하는 방법

화에도 나중에 참여할 수 있어요. 회사에 앉아 있으면 모든 잡담에 낄 수 없지만, 슬랙으로는 그럴 수 있는 거죠. 한마디로 정리하면 예전보다 더 편하고 덜 재미있습니다.

리더로서 구성원들을 케어하는 방식이나 팀을 구성하는 방식도 달라졌어요. 예전에는 제가 리더라고 사무실 중앙에 있으니까, 아무래도 이야기를 하다 보면 저의 영향력이 크죠. 잠깐만 이야기해보자고 말을 걸면 언제든지 모일 수 있었는데 온라인에서는 그러기 쉽지 않잖아요. 많은 사람들이 모여 있으니 일방통신만 되고, 미리 이야기하지 않으면 잠깐만 다 같이 모이자고 하기도 어려우니 정기 미팅에서나 이야기할 수 있죠. 대신 더 작은 팀으로 많이 쪼개서 해야 할 이야기들을 팀별로 줍니다. 그 팀에서 이야기를 충분히 할 수 있게끔 만들어주는 거죠.

좋은 마음을
더 좋은 마음으로 만드는 법

◎ 일이란 뭐라고 생각하세요.

🅐 어려운 질문이네요. 우선 직업으로서 마케터의 일에 대해 이야기해볼게요. 제가 하는 일은 사람들의 마음을 바꾸는 거라고 생각해요. 좋은 마음을 더 좋은 마음으로 바꾸는 거고, 그 마음을 못 바꾸면 제가 일을 못하는 거겠죠. 유튜브로 말하자면 제가 올린 영상을 보고 사람들의 생각이 바뀌었으면 좋겠어요.

그럼 인생에서 일이란 뭘까요. 한마디로 정의하긴 어렵지만 삶의 의미를 찾게 해주는 게 일이 아닐까 싶어요. 인간이라면 누구나 자신의 존재이유, 의미를 찾게 되어 있거든요. 이런 관점에서 사람들에게 존재의 의미를 만들어주는 건 일이라고 생각합니다. 스포츠 선수도, 작가도 일을 통해서 스스로 세상에 존재하는 이유를 느낄 거고요. 반드시 경제적 활동이 아니어도 좋아요. 가족을 보살피는 것도 내가 존재하는 이유 중 하나죠. 집에서 하루 종일 넷플릭스를 보고 책을 읽는다면 어딘가에 리뷰라도 남기고 글이라도 쓰면 좋잖아요. 게임을 하더라도 혼자 하는 것보다 다른 사람들과 한 편이 되어 어느 레벨까지 깨면 더 의미가 있죠. 일이란 살아가는 이유를 알려주는 동력 같은 것, 동기부여의 수단이라고 생각해요. 답해놓고 나니 '일이란 무엇인가'보다 '일을 통해서 무엇을 하는가'라는 질문에 더 적합한 답인 것 같기도 하네요.

ⓠ 일할 때 행복한 순간도 있으세요? 언제인가요?

Ⓐ 저는 브랜딩이란 일을 하고 있어요. 제가 좋아하는 신념과 생각들을 펼쳐서 사람들의 생각을 변하게 하고, 이를 통해서 같이 일하는 동료들이 의미 있는 일을 재미있게 하고 있다고 느끼게 하는 게 제 일의 의미예요. 저를 통해 주변에 있는 사람들, 같이 일하는 사람들이 기뻐하고 보람을 느끼고 성장하고 고마워하고 이 일 때문에 누군가 즐거워하는 것을 보면 지극한 행복을 느낍니다. 아무것도 안 하고 놀 수

도 있겠지만 '내가 무언가를 해서 다행이다' '이 일을 했기 때문에 좋았다' 싶을 때가 진짜 행복한 것 같아요.

한 번은 일과 관련해서 마음의 바닥까지 내려가본 적이 있어요. 10여 년 전에 도쿄에서 1년 정도 일을 했는데요. 도쿄 사무소에서 일을 하는데 일본어도 잘 모르고, 마케터로서 마케팅하러 일본에 갔는데 정작 일본 사람에 대해 잘 모르는 거예요. 마케터는 사람, 소비자 전문가인데 일본 소비자를 잘 모르니 '내가 할 수 있는 게 뭐지' 하면서 자신감도 사라지더라고요.

그러던 중 한 번은 친구들과 등산을 했는데 거기서 제가 사진을 찍었어요. 보통은 등산 자체가 힘들어서 카메라를 가져가거나 찍을 엄두를 못 내는데, 저는 괜찮은 편이라서 무거운 카메라를 들고 갔거든요. 친구들 사진을 찍고 그걸 친구들한테 보내줬더니 다들 너무 좋아하더라고요. '이런 사진을 받아본 적이 없는데 네 덕분에 정말 좋은 추억이 생겼다'는 친구들의 말을 들으면서 몇 달 만에 가슴이 뭉클했어요. 내가 누군가에게 기여하고 있고 기쁨을 줬고 필요한 사람이라고 느낀 거죠. 이런 감정들을 일하면서 종종 느낄 때가 있어요. 배달의민족이라는 브랜드를 보고 누군가

　　　　　　　　　싫어하는 사람과 일하는 방법

아껴주고 응원해줄 때마다 이런 즐거움을 느낍니다.

ⓠ 이렇게 일을 좋아하는 사람에게도 번아웃이 오나요? 잘 쉬는 편인지, 스트레스 해소법은 무엇인지 궁금합니다.

ⓐ 그럼요. 번아웃이 당연히 오죠. 사람 때문은 아니었고 오랫동안 높은 강도로 일을 계속하다 보니 이렇게는 더 못하겠다고 생각한 적이 있어요. 아침 일찍부터 밤 늦게까지 하나라도 놓치면 큰일 나는 일을 하고 있는데 나를 대신할 사람도 없고, 그렇다고 나를 따라오는 친구들에게 지친 모습을 보여줄 수도 없어서 티도 못 내니 어디론가 숨어버리고 싶었죠. 저도 그런 시기가 있었습니다.

잘 쉬어야 한다고들 하는데 저는 '휴식'에 서툰 편이에요. 휴식의 의미가 '쉬는 것' '공백'이라면 저는 쉬는 것보다 노는 것을 좋아합니다. 저를 가만히 두지 못해요. 일요일에 여유 있게 쉬기보다 달리기를 해야 하고 그동안 못했던 취미생활을 하고 책 읽고 콘텐츠 챙겨 보고 운동도 하죠. 1초라도 나를 좀 더 업그레이드하고 싶은 마음에 자꾸 무언가를 하는 강박이 있어요.

번아웃에 대해 덧붙이자면 그 상황을 빨리 벗어나야겠다고 애쓰지 않으려 해요. 애쓰는 게 나의 번아웃을 더 힘들게 만드니까요. 오히려 같이 일하는 사람들에게 '요즘 좀 힘들다'고 이야기하고 느슨하게 있어보려고 합니다. 번아웃은 나 자신을 빡빡하게 조이는 데서 오는 거라고 생각하거든요.

힘들 때는 달리기하는 게 습관이에요. 제가 막 집에서 스트레스 받고 긴장돼 있으면 아내가 달리기 한번 하고 오라고 이야기해줘요. 달리고 나면 얼굴이 빵긋해서 들어오거든요. 그 모습을 여러 번 보니까 달리고 오라고 히는데, 제가 느끼기에도 실제로 조금 기분이 빵긋해져요. 달리면서 생각을 정리하고 이런 거 전혀 아니고요. 그냥 되게 생리적인 작용이에요. 근육을 써서 달리다 보면 사람 몸은 더 잘 달리라고 호르몬을 뿜어주거든요. 그게 사람을 기분 좋게 해줘요. 이런 것들이 몸과 마음을 건강하게 만들어주는 것 같고, 이런 스트레스 해소법을 갖고 있는 게 굉장히 다행이라고도 생각합니다.

◉ 우아한형제들 마케터 중에는 책을 낸 사람이 많습니다. 원래 그런 사람들을 뽑는 건지, 그런 사람들을 만들어내는 건지 궁금합니다.

싫어하는 사람과 일하는 방법

Ⓐ 일부러 그런 사람을 뽑은 건 아닌데 일뿐 아니라 일 외에서도 에너지가 있는 사람을 좋아하긴 합니다. 퇴근한 후 혹은 주말에 다른 활동을 하면서 얻는 에너지, 경험들이 있잖아요. 그것이 진짜 마케팅 실력을 쌓아준다고 생각하기도 하고요. 그런 건 공부나 보고서를 본다고 할 수 있는 게 아니죠. 생활 속에서 자연스럽게 경험하고 얻는 걸 좋아하는 사람을 뽑다 보니 이렇게 된 것 같네요.

회사 내에서 서로 영향력을 주고받으면서 그런 사람이 되기도 합니다. 저희 회사 이야기를 담은 책 《배민다움》이 출간된 후에 저에게 책을 쓰라고 계속 닦달한 건 당시 팀원 중 한 명이었어요. 서로 그러다 보니 각자 자신이 하고 있는 자신 있는 이야기들을 써보기도 하고요. 말리지 않고 오히려 권장하니까 그런 분위기가 만들어진 게 아닐까 생각합니다.

Ⓠ 마지막으로, 개성과 이상함을 구분하는 기준이라는 게 있을까요.

Ⓐ 이상하다는 말은 사실 주관적인 단어예요. 내가 보기에 불편하면 이상한 것이고 안 불편하면 개성이죠.

같은 사람이라도 누구에게는 이상하게, 누구에게는 전

이게 무슨 일이야!

혀 이상하지 않게 느껴질 수 있죠. 각자 기준이 다 달라요. 내가 그 사람을 이상하게 느끼고 말고의 문제이지, 이상한 사람은 없다고 봐야 하지 않을까요. 이런 생각이라면, 싫어하는 동료와도 좀 더 수월하게 일할 수 있을 겁니다. 좋아하는 사람이, 좋아하는 게 더 많아질지도 모르고요.

일 잘하는 '척' 하는 법

_모놀로그

한명수 CCO

S#1.
프롤로그

'활명수'라고 수놓인 흰색 가운이 사무실 의자에 걸려 있다. 얼핏 보이는 책상과 책꽂이 위에는 '한명수'라는 팻말 여러 개, 침실에서나 볼 법한 조명, 정체를 알 수 없는 크고 작은 소품들, 테이크아웃 잔에 꽂혀 있는 필기구, 문서들이 여기저기 흩어져 있다.

이윽고 '활명수' 가운이 걸쳐 있던 의자가 돌아가고 인물이 등장한다. 자막 'CCO 최고 크리에이티브 책임자 한명수.'

나는 회사에서 크리에이티브한 일을 하라고 해서 그런 일 하는 한명수예요. 크리에이티브한 일이라고 하니 재미있

일 잘하는 '척'하는 법

는 일만 할 것 같죠. 아, 맞아요. 이게 재미가 없지는 않지 않지 않아요. 멀리서 보면 재미있을 것 같죠. 그런데 직접 와서 해보면 이상한 것도 많아요.

의자에 앉은 채로 무대 앞으로 나오며 몸을 들썩이되 일어나지는 않고 관객석을 두루두루 둘러본다. 두 손은 가슴께에서 쉴 새 없이 작게 움직이고 있다. 손인사 같기도, '아니'라고 하는 것 같기도 하다.

오늘 "일 잘하는 '척'하는 법"에 대해 이야기하라고 해서 준비해봤는데, 들을 만할지 모르겠네요. 어려운 주제잖아요. 일 잘하는 척하는 법. 일 잘하는 사람은 들을 필요 없어요. 가서들 일하세요. 일 잘하고 싶은 사람, 왜 그런 사람 있잖아요, 일하면서 일단 사람들에게 '칭찬받아야 해' '인정받아야 해' 하는 사람들이 들으면 돼요.

S#2.
왜 '척'이냐면

'척'을 강하게 말하며

　'일 잘하는 척', '척'이 무슨 뜻이냐면 '가짜'예요. 알죠? 진짜인 척하는 가짜. 그게 '척'이에요. 이게 필요해요. 처음부터 잘하는 사람이 어디 있어요. 각자 하는 일 다 다르겠지만 처음에는 뭐든 배우면서 일하는 거잖아요. 뭘 배우느냐, 겉모양 따라 하면서 성취감을 느끼고 칭찬받고 그러는 거예요. 근데 '척'이라고 했잖아요. 가짜. 가짜인데 칭찬받으면 약간 부끄럽지 않겠어요?

　척하다 보면 성취감도 느끼고 부끄럽기도 하니까, 성취감 느꼈다가 부끄러웠다가 또 막 성취감에 취했다가 부끄러워하면서 앞으로 나아가는 이야기예요.

　　　　　　　　　　　　　일 잘하는 '척'하는 법

때론 쳐다보기도 싫지만
때론 자다가도 생각나는 존재.

일이란 무엇인가요?
신선MD팀 여민수

S#3. 방법 하나
일 시킨 사람에게 충성심을 인정받아라

손가락 다섯 개를 하나씩 펼쳐 보이며

척하는 방법이 되게 많아요. 한 스물세 가지 있는데 시간이 없으니까 딱 다섯 개만 이야기할게요. 첫 번째 방법은 진짜 중요한 거예요.

어딜 가나 일 시키는 사람이 있잖아요. 일 시킨 그 사람! 그 사람에게 칭찬받는 게 가장 중요해요. 그 사람에게 인정받아야 해요. 그러기 위해선 뭘 해야 하냐, 충성심을 보여야 해요.

그 사람은 내가 일을 잘하나 못하나 주욱 지켜보고 있어요. 여러분도 눈치로 느끼고 있잖아요? 그 사람이 나를

일 잘하는 '척'하는 법

지켜보고 있는데 내가 일을 어떻게 잘하겠어요, 못하죠. 일
은 못하는데 뭘 보여줘야 하니까 충성심을 보여줘야죠. 그
게 일이에요. 일 아닌 것 같죠. 일이라니까요. 나도 옛날엔
몰랐어요.

옛날에, 그러니까 옛날 내 이야기예요. 내가 에이전시에
서 일했는데 토요일마다 나오라고 하는 거예요. 그때는 나
도 일 열심히 했어요. 오라고 하니까 갔고요. 들어보면 전화
로도 할 수 있는 이야기예요. 근데 굳이 거기 가서 '알겠습
니다' 하면서 듣는 거예요. '이 사람이 나를 왜 자꾸 부르나'
했는데 나중에 딱 알았지 뭐예요. 글쎄, 날 부른 사람의 상
관이 임원인데, 그 임원이 토요일에 출근하더라고요. 그 사
람은 임원이 자신을 볼 수 있는 자리에 앉아서 나를 가르치
는 거고요. 임원이 보기에 그 사람이 얼마나 일을 잘하겠어
요. 제가 지금까지 본 '일을 잘하는 척하는 방법' 중 최고!
그 사람, 너무 아름다운 사람이에요. 창피하기도 할까. 에유,
모르겠어요. 어쨌든 그 사람 이야기 왜 했는지 알겠죠? 자
신이 일을 못하더라도 다른 사람에게 '충성'하잖아요? 그러
면 기회도 주고, 믿어줘요.

이게 무슨 일이야!

갑자기 생각났다는 듯 조금 다급하게, 비밀을 알려주는 듯

이젠 제가 회사에서 상급자잖아요. 저한테 충성하려는 사람들이 있어요. 그 마음 알죠. 날 사랑해서 그러는 거겠지, 사랑하니까 하는 거겠지요. 근데, 약간 징그러워요. 그냥 자기 일이나 잘했으면 좋겠어요. 우리 회사는 이 방법이 잘 안 통하는 것 같기도 하고요.

S#4. 방법 둘
같은 언어를 써라

'코드 맞춘다'는 말 알아요? 코드! 나한테 일 시킨 사람의 마음을 얻는 것을 코드를 맞춘다고 해요. 까다롭고 어려운 상관들이 있어요. 나도 만나봤는데, 엄청 힘들어요. 근데 그런 사람 옆에는 통역가가 있더라고요. 오른팔, 비서 같은 사람이죠. 그 사람들은 상관의 눈빛만 봐도 생각을 딱 읽어요. '어르신이 이런 걸 생각하는 겁니다' 해석해주면 또 사람들이 막 받아 적고… 그건 감각과 타이밍, 엄청난 센스, 눈치, 정글에서 살아남으려는 생존력, 모든 게 종합된 초감각의 영역인 것 같아요. 여러분도 그런 거 갖고 싶죠. 가만 보니 갖고 싶네. 내가 알죠.

나는 그걸 얻으려다가 못 얻은 사람인데 그래도 방법은

좀 알아요. 까다로운 상관이 쓰는 말을 따라 하는 거예요. 사람마다 쓰는 언어가 달라요. 영어 좋아하는 사람 있고, 한자 쓰는 사람도 있겠죠. 그 말을 그대로 따라 하면 돼요. 그러면 상대방은 '이 사람이 내 말을 알아들었나 보네'라고 착각하고 나를 신뢰해요. 그러곤 막 기회를 줘요. 진짜라니까요, 나 거짓말 안 해요.

여러분이 알지 모르겠는데 1800년대에 근대 언어학의 아버지라는 페르디낭 드 소쉬르라는 학자가 있어요. 이 사람이 시니피에, 시니피앙이라는 말을 했대요. 나도 공부한 거예요. 이게 뭐냐면 언어가 있고 그 개념이 있잖아요. '애플'이라고 말했을 때 떠올리는 거 있죠? 먹는 것도 있고, 회사도 있고요. 여기서 애플이라는 말은 시니피에고, 우리가 떠올린 그 두 가지가 시니피앙이에요. 말과 개념이 같이 오잖아요. 이걸 보고 소쉬르 이 양반이 이런 이야기를 했어요. "그 사람이 쓰는 언어의 틀에 의해서 그 사람의 세계를 볼 수 있다"라고요.

'사랑'을 이야기해볼게요. 우리는 사랑, 러브 하나잖아요. 그런데 그리스 말에는 에로스, 아가페, 스토르게, 필리아, 네 종류나 된대요. 사랑이 무슨 네 종류나 되나 싶지만서도 그게 결국 사랑을 더 잘 이해할 수 있는 것 아닌가요. 좀 더 풍성해지는 것 같잖아요.

그러니까 상관이나 일 잘하는 사람의 언어를 잘 따라 하면 그 사람의 세계로 들어갈 수 있다니까요. 예를 들면 이런 거예요. 누가 나한테 '인티그레이티드 설계로 구조화한 프로토콜을 사용해서 장 보드리야르가 이야기한 기호적 소비, 밸류 체인으로 해결하라'고 이야기했어요. 그때 '이게 뭐예요?' '무슨 말 하시는 거예요?' 하고 어리둥절해하면 안 돼요. 다 알아들었다는 듯이 여유 있게 '네, 팀장님. 인티그리티한 설계로 프로토콜 만들어서 익스팬드한 다음에 추진하겠습니다'라고 대답하세요. 그러면 팀장님은 '내 이야기를 알아들었네'라고 생각해요. 그 말이 무슨 뜻인지 몰라도 돼요. 알아들은 척하면 돼요. '언어를 통해 그 사람을 이해한다'라는 건데 알아들은 척하면 돼요.

회사 이야기를 해볼까요. 우리 회사가 IT회사라서 2주마다 업데이트를 해요. 엄청 바빠요. 어쩔 수 없어요, IT회사의 숙명이에요. 그러면 앱스토어에서 업데이트하라고 알려주잖아요, 다들 업데이트하긴 하는데 뭐가 어떻게 바뀌었는지 보나요? 저는 봐요. 들어가서 보면 이번에는 무슨 기능

업데이트, 무슨 문제 개선 완료라고 적혀 있어요. 읽어보면 거의 다 똑같아요. 아아아주 드라이해요.

그런데 작년 10월에 이런 말이 적혀 있는 걸 봤어요. '이렇게 티 안 나는 일을 할 때면 종종 서운한 마음이 들기도 합니다만 결국 세상은 이런 보이지 않는 노력이 모여… 오늘의 업데이트로 배민이라는 세상이…', 약간 오글거리긴 하는데 괜찮지 않나요? 이게 매일 있는 것도 아닌데요, 뭘. 경영자의 언어, 디자이너의 언어처럼 개발자의 언어도 있어요. 내가 아는 개발자의 언어는 '완료' '업데이트'처럼 아주 드라이한 것이었는데 '이건 어쩜 이렇게 낭만적이지' 하고 캡처했다니까요.

3월에 또 업데이트를 했는데 이번에는 이렇게 적혀 있었어요. '편리한 서비스를 위해 구석구석 개선했는데, 구석구석의 미묘한 변화를 닦고 있는데 마침 앙상했던 가지에 초록이 히끗히끗 묻기 시작… 다가오는 계절의 소리에 집중해보면 어떨까요.' 무슨 이런 시가 다 있어요. 너무 아름답잖아요. 우리도 조직마다 사람이 하도 많아서 누가 어떻게 일하는지 모르는데, 누군가 이걸 한 거잖아요.

한편으론 '이걸 한 사람은 얼마나 행복했을까' 싶은 거예요. 컨펌받을 필요 없는, 관리받지 않는 편안한 곳에 자기

일 잘하는 '척'하는 법

언어를 쓴 거잖아요. 다른 직군의 언어를 보는 것도 기분 좋
은 일이라고 느꼈죠.

이게 무슨 일이야!

S#5. 방법 셋
SNS에 매일 내 일을 써라

한층 높아진 톤으로, 호들갑 떨며 키보드 치는 시늉을 한다.

이거는 진짜 오늘의 킬링 콘텐츠, 킬링 방법이에요. 여러분이 한 일을 매일 SNS에 쓰세요. '오늘은 고객 관점에서 생각해봤는데 사람들이 이렇게 해서 저렇게 변할 것이다, 아, 보람 있는 하루였다, 별이 반짝인다'라고 써요. 오늘 거지 같은 하루였어도 글을 쓰는 순간 의미가 생겨요. 한번 써봐요, '보람이 있다.' 그냥 써봐요, '보람 있다.' 그럼 보람이 생겨요. 그렇게 올리면 보는 사람들이 생기고, 모르는 사람이 보면 '일을 의미 있게 하네' 하고 속아요. 모르는 사람도 그런데 일을 시킨 사람이 보면 어떻겠어요. '이 친구가 험한 일을 보람차게 하네' 하는 거예요.

일 잘하는 '척'하는 법

자신의 일을 SNS에 자랑하세요. '나는 너무 부끄럽고, 일만 열심히 할 거야, 진정성 있게'라고 생각하지 말아요. 남이 알아줘야 일을 해요. 칭찬받으라니까요. 보이는 게 중요해요. 우리 SNS에 프사(프로필 사진) 올리잖아요, 나처럼 이렇게 발표할 때 다른 사람한테 사진 찍어달라고 해요. 이렇게 일한 거 콘텐츠로 만들어서 올리고 프로필 사진으로 딱 올리면 완전 일 잘하는 것처럼 보여요. 여러분 긴장하면서 일하고 싶어요? 아니잖아요, 편하게 일해야죠. 그러니 SNS에 콘텐츠 올려요.

매번 나만 하면 좀 그러니까 우리 구성원들한테도 발표하라고 해요. 화요일마다 디자이너 100명이 온라인에 모여서 한 사람씩 발표를 해요. 주제도 없어요. 제가 그냥 아무거나 발표하라고 하거든요. 힘들겠죠. 낯선 사람들 앞에서 발표하는 게 얼마나 힘들겠어요. 근데 또 하다 보면 말이 나오고 정리가 돼요. 잘할 필요도 없어요. 그냥 발표하면 제가 그 모습을 찍어서 보내줘요. 그 사진 올리면서 '오늘 발표를 했다, 여러 사람들에게 영향력을 끼쳤다'라고 쓰면 되죠. 발표 못한 건 상관없다니까요? 그렇게 올리는 게 결과예요. 결과가 중요해요. 그러니까 꼭 하세요.

이게 무슨 일이야!

'난 누군가 또 여긴 어딘가'를
잘 아는 것.

일을 잘한다는 것은 무엇인가요?
중부호남영업팀 김우태

S#6. 방법 넷
멋진 말을 써라

머리를 긁적이며

일할 때 멋있는 말을 쓰세요. 내가 하는 말은 안 멋있는데, 멋있는 말이라는 게 있어요. 아까 소쉬르 아저씨가 한이야기와 연관이 깊은데 아, 이런 말이 있네. '고객경험을 차별화하자'랑 '주소창 입력할 때 팝업 페이지 좀 안 뜨게 하자'라는 말이 있어요. 뭐가 더 멋있어요? 앞의 말이 더 멋있잖아요. 근사한 일을 하는 것 같은 추상어를 쓰라는 이야기예요.

제가 얼마 전에 어떤 회사를 갔는데 그 회사에서 가장 중요한 게 뭐냐고 물었더니 '고객경험을 차별화하는 게 제일 중요하다'고 하더라고요. 그게 뭐냐고 또 물었더니 고객이 미디어를 통해 뭘 경험하고, 밸류가 어쩌고 이야기하는데 무슨 말인지 하나도 못 알아들었어요. 그런 말을 해도일이 되는 거겠죠. 나는 일이 안 되던데. 참 신기해요.

이런 말은 어때요. '페인 포인트를 해결합시다.' 멋있죠. '페인 포인트', 엄청 중요하잖아요. 근데 이걸 '엑셀시트 칸 좀 벌려주라' 하면 안 멋있어요. 실제로 우리 회사 인사팀에 새로운 사람이 왔는데 나한테 와서 업무 개선 어쩌고 묻더라고요. "내가 받는 이 엑셀시트 칸이 너어무 좁은데 좀 벌려주세요" 했어요. 이 말이 안 멋있는 건 나도 아는데 페인 포인트라는 말은 너무 남사스러워서 못 하겠더라고요. 근데 그 다음 주에 엑셀시트 칸이 싸악 벌어져 온 걸 보니까… 내가 좀 멋없으면 어때요. 그 사람 일을 너무 잘해서 좋더라고요.

오른손으로 허공에 역삼각형을 그리며

회사는 이렇게 삼각형으로 돼 있어요. 동그라미는 좀 그렇고 난 삼각형이 아름답더라고요. 그런데 삼각형이 이렇게 거꾸로 되어 있어요. 조금 징그럽지만 어쩌겠어요, 회사에는 위계질서라는 게 있잖아요. 윗사람의 말이 있고요, 팀장, 실무하는 사람의 말이라는 것도 있어요. 그 사람들이 어떤 말

일 잘하는 '척'하는 법

을 쓰는지 잘 보라고 했죠. 어떤 회사는 제일 꼭대기에 있는 사람이 무슨 말을 하는지 하나도 들리지 않고, 어떤 회사는 여러 언어가 많이 들릴 수도 있죠. 그 말이 들리면 생각해보는 거예요. 이 사람이 개념어를 쓰는지 추상어를 쓰는지 말이에요. '우리 회사는 다 개념어를 써서 붕붕 떠 있다'고 느낄 수 있고, '우리 회사는 아주 날것의 실행 언어를 많이 쓰네' 싶으면 땅에 딱 붙어 있어야죠. 언어만 잘 들어도 여러분이 일하는 환경이 보인다니까요.

S#7. 방법 다섯
본질적으로

안절부절못하며

마지막 방법이네. 여러분, 이건 정말 제가 할까 말까 말까 말까 고민하다 갖고 온 방법이에요. 이거 고급 기술이에요, 완전 초특급 고급 기술인데… '본질적으로!' 이 말을 하는 거예요. 회의하다가 툭, '본질적으로'라고 던져봐요. 회의할 때 대부분 '어떻게 할까' '언제까지 할까' 이런 이야기를 하잖아요. How, What, When을 주로 말하고 '이런 걸 왜 하지?'라는 말은 안 해요. '본질적으로'가 바로 Why를 묻는 질문이에요.

우리 회사가 요즘에 커머스 같은 걸 하거든요. 사람들이 '이거 언제까지 할까요' '섬네일 어떻게 할까요' 막 이야기해요. 그런 와중에 이렇게 말해보는 거죠. '그런데 말이에요, 사람들은 물건을 왜 사는지 아십니까?' 그러면 사람들이 '왜요?' 해요.

자세를 고쳐 앉고 조금 낮은 목소리로
'본질적으로 사람이 물건을 산다는 것은 인생이 허무하고 공허하기 때문에 이 물건들을 스크롤하면서 보는 것은 사회와의 관계를 맺는 연결입니다.'

앉은 채로 펄쩍 뛰어오르며
그러면 사람들이 '우와' 해요. 뭔가 있어 보이잖아요. 그러니까 '본질적으로 말이야' 하고 끝에 어려운 말을 막 써봐요. 참! 근데 이 말을 쓸 때 주의사항이 있어요. 고오오수우우라든가 훌륭한 사람들 앞에서는 절대 쓰면 안 돼요. (큰일 난다는 듯이 오버하며) 그러다간 참변을 당할 수 있어요.

원래 본질은 눈에 안 보여요. 공부를 한다고, 무슨 생각을 많이 한다고 볼 수 있는 것도 아니에요. 나도 말을 그냥 쉽게 하는 거지 원래 본질은 안 느껴져요. 깨닫기도 어렵고요. 그러니까 일단 써봐요. 그 말을 쓰면 사람들이 이렇게

이게 무슨 일이야!

우러러봐주고, 그러면 기분이 좋잖아요. 이렇게 저렇게 써보다가 나중에 혼자 골방에서 '아, 내가 본질을 아나' 이런 생각을 한 번 정도 해야 돼요.

S#8.
부끄러워야 해요

다섯 가지 방법을 이야기했는데, 이게 다 뭐예요. 인정받으려고 하는 거예요. 여러분, 일을 왜 해요. 물론 돈 버는 것도 있죠. 그리고 인정받기 위해서 하는 거잖아요. 인정받지 않으면 용기가 안 나는 사람들, 그런 사람들은 이 다섯 가지 방법을 써봐요. 다 써보다가… 꼭 필요한 게 있어요.

지금껏 산만하게 흔들었던 두 손을 내리고, 목소리는 차분해진다. 인물의 시선은 한 곳을 향한다. 그 시선 끝에는 당신이 있다.

부끄러움이 와야 해요. 부끄러울 때가 오지 않으면 그건 큰 문제예요. 왜냐고요? 가짜로 오래 살아봐요, 그게 진짜인 줄 알아요. 그러니 부끄러움이 나에게 언제 오나, 그때가 빨리 올 수 있게 해야 해요.

부끄러움이 없으면 진짜 앞으로 못 나가요. 부끄러워서 힘들더라도 부끄럽다는 사실에 위로받으세요. 부끄러움도 건강해야 느낄 수 있어요.

부끄러워요.

부끄러워하세요.

부끄러움을 느끼면 되는 것 같아, 그러면 알아서 돼요.

재미없는 걸 재미있게 하는 것.
누가 봐도 재미있는 걸
재미있게 해달라고 하면
그걸 누가 못하냐고들 하죠.
그래서 오히려 재미없는 게 오면
'아싸' 하고 좋아요.

일이란 무엇인가요?
한명수 CCO

부끄러워서 진짜가 되기로 했다

_연극이 끝난 뒤

ⓠ 일 잘하는 '척'하다가 진짜가 되기 위해 중요한 것은 무엇인가요?

ⓐ 가짜가 진짜가 된다는 건, 꼭 일뿐 아니라 살아가는 모든 영역에서 필요해요. 흔히 '삶에서 진짜가 되어라' '진짜 자신의 삶을 살아라'라고 말하잖아요. 이런 말이 있다는 건 필연적으로 가짜가 있다는 거죠. 가짜라는 건 어쩔 수 없이 무조건 만들어져요. 회사에서도 목표, 결과, 성과 등 외적으로 드러내야 하고 구색을 갖추다 보면 '형식적인 가짜'가 필연적으로 수반되죠. "일 잘하는 '척'하는 법"은 일과 사람의 속성에서 자연스럽게 체득되는 것 같아요.

진짜가 되기 위해서는 자신이 무엇을 하고 있는지 계속 물어봐야 한다고 생각해요. 결과나 성과 등 외부로 보여주는 퍼포먼스를 하다 보면 어쩔 수 없이 자기 내면을 보는 시간이 줄어들잖아요. 그럴 때일수록 '잠깐만, 내가 뭐 하고 있는 거지' 하고 물어보는 거죠. 삶의 중요한 순간에 가끔 질문할 수도 있지만, 매일 일하는 작은 순간마다 꾸준히 물어보고 답해야 '진짜'를 잃어버리지 않는 것 같아요. 그래서 일이란 게 자기 삶을 훈련시키는 데 좋고요.

ⓠ 조직이나 회사의 일을 하면서 결과물을 내고 성취도 했지

🅐 많죠. 모든 일에 최선을 다할 수도, 내 성에 차는 100% 의 결과물을 낼 수도 없어요. 일은 언제나 넘치고 시간과 자원은 한정적이라 부족한 부분이 항상 발생하죠. 디자인은 작업하는 사람의 미적 취향 등 주관적 판단이 들어가는 영역인데 작업을 의뢰하거나 결정하는 사람은 따로 있으니 이견이 많죠. 외부 전문가와 협업할 때는 서로 존중해야 하는 사회적 매너 때문에 최선보다 절충안이 나오기도 하고요.

날카로운 결과물을 위해서는 타협하지 않는 고집이 필요하기도 하고 타협하는 것을 부끄러워하기도 하지만, 가끔 타협할 수도 있어요. 저는 기본적으로 내 의견을 강하게 주장하는 것보다 다른 사람들과 이게 좋은지, 저게 좋은지, 왜 좋은지 이야기하는 게 재미있기도 하거든요. 나는 싫은데 모두가 만족할 때 묘한 기분을 느끼면서 겸손해지기도 하고요. 그런 것과 별개로 진짜 부끄러운 건 자신이 알아요. 포트폴리오 만들 때 '이건 내 것이 아니야' 하며 넣지 않을 때 부끄럽죠.

구성원들의 일을 지휘하는 입장에서 구성원의 성취나 부끄러움에 대해 생각할 때가 많아요. 개인의 성과물로 포트폴리오에 넣고 싶어 하는 일도 때론 힘을 빼고 적정한 선에서 마무리하게끔 이끌기도 해요. 반대로 적당한 수준에서 끝내려고 할 때 다그쳐서 최선을 끌어내기도 하고요. 한정된 자신의 에너지를 어디에 얼마나 나눠 쓸지 알면 각자 느끼는 부끄러움도 달라질 수 있다고 생각해요.

◎ 최선을 다해야 하는 일은 어떻게 알 수 있나요?

Ⓐ 이 일에선 무엇이 가장 중요하지, 이 일은 다음 번 일을 위한 마중물 같은 거구나, 저 일은 성과물 자체보다는 나를 믿게 하는 것이 중요하겠구나 등 일의 의도를 명확히 이해하면 그 작업에서 집중할 게 보여요. 나를 믿게 하는 일이면 진짜 나를 믿게 하는 데 모든 힘을 다 쓰면 돼요. 디자인 결과물이 성에 차지 않아도 누군가가 나를 믿게 만들었다면 잘한 거죠. 같은 일이라도 맥락과 환경에 따라 그 의미가 달라지니 그 흐름을 잘 따라가야 해요. 이것을 계속하다 보면 나중에는 본능적으로 알게 되는 것 같아요. 에너지를 분배하다가 프로젝트 규모와 상관없이 진짜 중요한 일이라고 느껴질 때 '끝장을 내보자' 하는 마음이 불쑥 들어요. 1년에 네다섯 번 정도 그런 순간이 오는데 그때 끝장을 내보지 않으면 사람, 일, 조직에 후회를 하게 되거든요.

A 〈이게 무슨 일이야! 컨퍼런스〉 포스터를 만들 때요. 금방 끝낼 수 있는 쉬운 일이기도 한데, 담당 디자이너들이 저 때문에 많이 고생했죠. 초기 아이디어와 컨셉, 포지셔닝, 접근 등 모두 거절했어요. 처음부터 다시 하자고 했는데 아마 당혹스러웠을 거예요. 사실 제가 일부러 그런 거예요. 칭찬을 들으며 잘해오던 사람들에게는 반복되는 관성과 패턴이 생기는데, 그 패턴을 끊어줄 타이밍이 필요해요. 연관된 다른 구성원들에게도 '잘해왔던 패턴이 안 통한다'는 신호를 보내야 하고요.

어느 분야나 3년 정도 일하면 자신만의 관성, 성공패턴이 생겨요. '이렇게 하면 되겠지' 하는 예측과 숙달된 관습이겠지요. 적당한 타이밍에 그간 해왔던 일의 습관들을 한 번 싹 지워야 해요. 이번 포스터 디자이너들도 칭찬받던 과거의 경험을 의심해보고, 그 과정을 지켜본 조직에는 건강한 긴장감이 돌 수 있도록 한 거예요. 흔히 리더십 강의에서 '리더는 예측 가능해야 하고, 예측 불가능할 때 조직은 두려움에 떤다'고 말하잖아요. 구성원들이 예측할 수 있도록 리더는 계속 이야기하고 피드백을 줘서 조직을 안전하게 만드는 것이 중요하지만, 창의성이 많이 필요한 조직에서는 어느 정도 예측 불가능한 상황을 품고 있으면서 리더가 고착되는 일의 패턴을 이따금씩 깨줘야 특유의 생기가 유지되는 것 같아요. 물론 대책 없는 비평은 조심해야 하고요. 제가 옛날에는 사정없이 깨기만 해서… 아… 창피해요….

이게 무슨 일이야!

조직의 크리에이티브?
결과물과 작품은 다르다!

◎ 건강한 긴장감을 만드는 것, 하는 사람이나 당하는 사람이나 괴롭고 어려워 보이는데요. 그럼에도 꼭 해야 하는 특별한 이유가 있을까요?

Ⓐ 저는 '결과물Output과 작품Masterpiece은 다르다'고 말해요. 현재의 회사는 일 잘하는 사람들이 모여 있는 곳이라 대체로 결과물이 좋아요. 하지만 결과물의 때깔을 넘어선 의미 충만한 마스터피스도 종종 나와야 하거든요. 매번 빼어난 마스터피스가 나올 순 없지만 그래도 한 해에 네다섯 번은 나와야 서로가 뿌듯하지 않을까요. 기존의 패턴이 깨지고 건강한 긴장감이 있을 때 놀라운 작품이 탄생해요.

일의 결과물을 생명의 관점으로 보면, 단기 목표를 달성하는 크리에이티브는 수명이 짧더라고요. 단기 마케팅 위주로 한 굉장히 트렌디한 디자인들은 그 목적을 달성하면 수명이 바로 끝나요. 1~2년 뒤에는 좀 후져 보일 수밖에 없죠. 반면 수명이 긴 작품들은 10~20년이 지나도 멋있고 품격이 있어요. 미래에 입사할 크리에이터들이 회사 포트폴리오의 작품들을 보면서 놀라고 감탄하면 좋겠어요. 제 목표는 그렇게 감탄할 수 있는 것을 만드는 것이고요. 마케팅 목적을 달성하면서도 낡지 않게 생명력을 만들어야 하는데 이건 '문화생산자'라는 자각이 있을 때 가능해요.

ⓠ 만드는 사람 입장에서 크리에이티브한 일을 할 때 우선순위는 무엇인가요?

ⓐ 메이킹의 관점에서 '크리에이티브'를 군이 두 가지로 구분해보자면 '디자인의 크리에이티브'와 '아트art의 크리에이티브'가 있어요. 디자인은 느낌표를, 아트는 물음표를 만드는 일이죠. 아트의 물음표는 답을 찾는 질문이 아니에요. 그 자체로 아름답기 때문에 그대로 물음표를 남겨둬야 의미가 있어요. 그래야 재미있고 영속적이기도 하고요. 하지만 디자인은 느낌표를 만들어서 결론을 지어야 하죠. 즉 디자인의 크리에이티브는 문제를 정의하고 해결하는 일이어서 우

선순위로 따지면 해결해야 할 문제의 정의가 최우선이에요. 문제를 어떻게 정의하느냐에 따라 결과도 달라지고요. 아트보다는 기술에 좀 가깝다고 볼 수 있죠.

Q 크리에이티브한 일에 '완성'이라는 것이 있나요?

A 디자인의 크리에이티브에서는 문제의 해결이 곧 완성일 수 있죠. 프로페셔널은 그 문제를 정해진 시간 안에 완수하면서 퀄리티를 높이는 것이고요. 여러 이해관계자들이 모두 수긍하는 지점이나, 때로는 최고 의사결정권자가 만족스러워하면 완성이라고 하기도 해요. 일에 능숙해지면 어느 지점이 완성의 수준과 때인지 알게 돼요. 시간과 에너지를 관리할 수 있게 되면 자신의 경험에 의존하면서 모험이 줄죠. 기술적으로는 일의 완성을 꾸릴 수 있지만 모험이 깃든 기적은 점차 줄어드는 경향이 있어요. 크리에이티브의 본원적인 욕망에는 물음표를 만드는 재미와 무엇이 만들어질지 모르는 기대감, 예측 불허한 기적 같은 게 있는데 그 욕망을 완전히 거세하면 뻔한 결과물이 반복되기도 해요. 문제를 해결한다는 것은 안정을 추구하는 것과 비슷한 성질이 있기 때문이에요. 문제해결의 한 축과 함께 스스로 문제를 만들어내는 실험성의 축이 있어야 크리에이티브가 풍성해져

요. 그래서 개인에게나 조직에나 문제해결의 느낌표와 함께 '망치면 어때, 재미있잖아' 같은 물음표가 공존해야 해요.

◉ 두 가지 축 중에 첫 번째 축부터 좀 더 이야기해볼까요. 회사에서는 결과물을, 그것도 좋은 결과물을 내야 하잖아요. 조직의 CCO로서 좋은 결과물을 내도록 이끄는 특별한 노하우가 있나요? 후임의 결과물이 기대에 못 미칠 때 어떻게 하시나요?

🅐 탁월함에 못 미치는 데에는 여러 이유가 있어요. 그 이유를 아는 게 중요해요. 기술과 학습능력이 부족한 경우가 있고, 태도의 문제도 있고요. 환경적인 구조 문제도 있어요. 선천적인 감각이나 재능이 부족한 경우도 있는데 쉽게 해결할 수 없는 영역이니 다른 관점으로 해결하려 하죠.

환경적인 구조 문제는 프로세스나 팀워크, 커뮤니케이션 문제여서 막힌 원인을 알면 쉽게 해결되는 편이에요. 태도는 자신감과 직결되고 학습능력은 꾸준한 성실성을 필요로 하기 때문에 개인별 특성을 잘 이해하면서 동료와의 매칭을 순환시켜주면 퀄리티는 좋아져요. 고집이 세거나 팀워크보다 개인기를 중요하게 여기는 친구는 장기적으로는 성장이 둔화되는지라 한 명 한 명의 특성을 제대로 이해하는

이게 무슨 일이야!

데 많은 에너지를 쏟고 있어요. 15년 전 즈음일까요? 사람에 대한 이해보다는 결과물에 대한 집착이 커서 극단적으로 조직을 운영했던 적이 있어요. 스페셜 그룹을 특정해 퀄리티 기준을 만들고 나머지는 그것을 베끼도록 했어요. 단기적 결과물은 좋은데 장기적으로 조직은 망가지더라고요. 많이 창피했어요.

ⓠ 그때의 방식을 버리게 된 특별한 계기가 있었나요?

ⓐ 선천적 재능과 감각이 부족한 친구들에 대해 공감하고 이해하기 시작하면서부터였어요. 사랑하는 아내 덕분이기도 해요. 아내가 자신은 특별한 재능도 없고 빠릿빠릿하지도 않고 못하는 것도 잘하는 것도 아닌 어중간한 감각의 사람인데, 자기 같은 사람이 제 밑에서 일하면 인생이 얼마나 힘들겠냐고 하더라고요. 때마침 일터에서 어떤 퇴사자가 저에게 충고를 하고 떠났어요. 디렉터에게 상처받은 사람들이 이토록 많은데 소수만을 위한 조직은 못 참겠다고 하면서요. 그전까지는 큰 조직체계에서는 창의적인 조직운영이 허상에 가깝다고 생각했어요. 대기업의 디렉터들에게서도 제대로 된 답은 못 구했거든요. 능력이 많은 이들에게 권한과 보상을 많이 주는 시스템이 전부인 줄 알았고 크리에이티

　　　　　　　　　　일 잘하는 '척'하는 법

브 조직도 피할 수 없는 것이라 내심 포기했던 것 같아요. 한 명 한 명의 창의성이 존중받는 대규모 조직을 제 눈으로 직접 본 적이 없으니까요. 지금은 개인과 조직의 건강함을 동시에 취하며 성과물의 퀄리티까지 만들어내는 실험을 계속해보고 있어요. 실수도 있고 허점도 많지만 그 실험을 포기하고 저 혼자만 행복할 수는 없더라고요.

유연함은
한계를 넓히는 것이다

◎ 창의적인 조직을 만들기 위한 시도 중 기억에 남는 것은 무엇인가요?

🅐 지금 여기서 하고 있는 것 중 '프로젝트 리포트'라는 게 있어요. 일단 일할 때는 무조건 문서를 열어서 작업자 모두가 일기 쓰듯이 매일 쓰는 게 프로젝트 리포트예요. 예전에 다른 곳에서도 시도해봤는데 실패했어요. 프로젝트 리포트를 쓰라고 하니까 보고서를 쓰더라고요. 여기서 다시 시도할 때는 '일기 쓰듯이'라고 성격을 명확히 했죠. 이 일을 하면서 어떤 기분이었는지, 무엇이 고민인지 써달라고 했어요. 그 옆에 제가 하트 이모티콘도 달고, 구성원들도 '내 감정을 솔직히 쓰면 디렉터가 하트를 달아주는구나' 하면서 고민, 감정,

기분을 자연스럽게 쓰는 것 같아요. 동료들도 깨알같이 반응하고요. 지금은 수천 개의 프로젝트 리포트가 있어요. 보통 위계조직 안에서는 눈치를 보느라 작업 중 고민을 공개적으로 쓰는 게 어렵잖아요. 지금의 일터는 회사 초기부터 서로의 고민을 쉽게 나누고 먼저 돕는 고유의 문화가 있어서 잘 작동되었던 것 같아요.

프로젝트 리포트를 보면 개인과 조직의 흐름이 동시에 보여요. 지금 이 친구가 겪는 문제가 기술적인 건지 환경 문제인지 재능 문제인지 파악할 수 있어요. 그걸 파악하지 못했던 옛날에는 무조건 결과물에 대해서만 각을 세워서 서로 힘들었죠. 이제는 흐름이 보이니까 그냥 '다시 해'라는 말은 안 할 수 있어요. '이건 레퍼런스를 갖고 와서 맞춰보자' '이건 협업을 하는 게 나을 것 같아' 하면서 방향도 제시할 수 있고요. 극복할 수 없는 감각의 문제라면 비판하지 않고 학습이나 환경, 태도 문제로 이해하고 해결하면서 퀄리티를 컨트롤해요.

리포트 쓰는 친구를 관찰하면 몇 년이 지나도 같은 방식을 되풀이하는 것도 발견하게 돼요. 매너리즘에 빠진 거죠. 주위 동료들이 어떤 피드백과 자극을 주는지도 알 수 있고 그 덕에 긴장감을 불러일으키는 크리틱도 할 수 있어요. 회의 전에 리포트를 훑어보면 굳이 보고받거나 이해할 시간을 따로 들이지 않아도 되니 회의시간이 좀 더 유연하고 빨리 끝나요. 여러모로 장점이 많아요. 쓸 때 귀찮은 것 빼고는 모든 게 만족스러워요. 아직 습관이 되지 않아 프로젝트 후반에 몰아서 쓰는 친구들이 가끔 있는데 저한테 혼나요. 일하는 그 순간의 감정과 생각들을 뜨겁게 남기는 게 중요한데 보고하듯 정리하면 억지스럽고 부자연스럽죠. 의도와 생각 그리고 감정이 같이 기록돼야 조직과 개인이 살아남는다고 생각해요. 밑바닥에 흐르는 것을 숨기지 않아야 서로를 도울 수 있으니까요.

돌아볼 줄 아는 마음가짐.
일을 시작할 때는
왜 이 일을 하게 되었는지 돌아보고
일을 하는 과정에서는
함께하고 있는 동료들을 돌아보고
일을 끝마칠 때는
전 과정을 돌아볼 줄 아는 마음.
결국 일이란 해봐야 알고
해본 후 배움을 얻으려면
앞만 보는 게 아니라 주변을, 뒤를
돌아봐야 한다고 생각한다.

일을 잘한다는 것은 무엇인가요?
가치경영마케팅팀 김민지

Ⓐ '크리에이티브 능력'이라는 말은 너무 장엄해서 '유연함' 이라고 바꿔 말하고 싶어요. 평소 각 구성원은 아이디어를 내는 등 발산의 에너지, 합리적으로 의견이 정리되는 수렴 의 에너지를 체감할 수 있어야 하는데요, 작은 조직 단위의 리더가 그러한 환경을 주체적으로 만드는 것이 핵심이라고 봐요.

회사 조직의 울타리 때문에 발산하는 데는 늘 한계가 있어요. 그건 리더만이 깨줄 수 있어요. 구성원은 그 한계를 깨는 권한이 없고 암묵적으로 눌려 있으니까요. 발산의 폭 이 높고 넓을 때 쾌감이 생기는데, 그 범위는 결국 리더가 결정하는 거예요. 팀장, 파트장, 저 같은 조직장이 발산을 어 떻게 하느냐, 그게 조직의 유연함을 보여주는 상징 같은 거 죠. 간단한 회의를 할 때도 네모반듯한 회의실에서 회의하 는 것과 회사 앞 올림픽공원에 가서 회의하는 건 느낌이 전 혀 다르잖아요. 공간의 한계, 분위기의 격식까지 암묵적으 로 정의된 경계를 리더가 넓히면 구성원은 숨을 쉴 수 있어 요. 리더가 긴장해 있으면 조직 구성원 모두 긴장하게 돼요. 그 경계 안에서 일을 하면 의식은 눌리고요. 피부로 느끼는 작은 것부터 의식적으로 유연하게 한계를 넓히는 활동이 창의조직의 리더십이 아닐까요.

파트장, 조직장들은 자기 조직 안에서 토론하고 공유하고 주체적으로 결정하면서 상급자의 개입을 어떻게 끌어들일지도 생각해야 해요. 일일이 모든 것을 기계적으로 보고하고 피드백 받는 것도 꽤 피곤하고 주체성이 쪼그라드는 일이니까요. 저는 팀장들이 저마다의 방식으로 자기 팀을 꾸리도록 돕고 그 팀장에게 오히려 제가 맞추는 방식으로 일하려고 해요. 업무 프로세스를 획일화하지 않을 때 그 팀의 크리에이티브 장점이 극대화되고 서로에게 배울 게 생겨요. 자기다운 방식과 상대의 다름을 존중하다 보면 자신감이 커지죠. 이 모든 것이 담겨 있는 툴이 '프로젝트 리포트'이고, 팀 업무공유 방식도 팀마다 다른 것이 저는 참 좋아요.

◎ 창의적인 조직의 구성원은 무엇을 해야 하나요?

Ⓐ 리더가 유연하면 구성원들은 자연스럽게 그 흐름을 따라가요. 발산의 폭이 넓은 리더를 믿고 따르면서도 수렴할 때는 확실히 따라주면 돼요. 발산의 폭이 작으면 수렴하기는 쉽죠. 선택의 폭이 처음부터 좁았을 테니까요. 발산의 폭이 큰 만큼 수렴할 때 마음과 뜻을 빠르게 하나로 모은다면 조

직의 다이내믹함은 계속 유지될 것 같아요.

🅐 가이드라인 같은 것 말씀이죠? 작은 조직은 가이드라인이 필요 없죠. 서로 빠르게 소통하고 피드백하고 한눈에 다보이잖아요. 하지만 큰 조직에는 가이드라인이 꼭 필요해요. 큰 조직의 크리에이티브는 한 사람이 만든 것 같은 일관성, 정체성이 생명이거든요. 그것을 지키고 계속 이끌어가기 위해 가이드라인을 만들고 기준점을 만들고, 분업화하는 거죠. 큰 조직일수록 가이드라인이 세분화되어 있고 두꺼워요. 잘 지킬 수밖에 없게끔 언어가 굉장히 근엄하기도 하고요. 우리가 대중적인 눈높이에서 보고 느끼는 큰 회사 서비스의 아웃풋들은 대개 그 회사의 크리에이티브 가이드의 결과물이라고 보면 돼요.

가이드라인의 목적은 통제에 가까워요. 그것이 통일성을 만들고, 동시에 크리에이티브를 무뎌지게 만들기도 하죠. 필요악 같은 가이드라인을 이왕 만든다면 통제보다는 격려에 가까워야 하지 않을까 생각해요. 지켜야 할 것을 최소화하면서 생명력 있는 변화무쌍함을 응원하는 좋은 가이드라인인 것이죠. 완벽하게 세세한 것까지 정의하면 질문이 사라져요. 의도적으로 가이드라인이 정의하지 않은 암묵적인 부분을 남겨놓으면 그 부분 때문에 사람들은 소통하고 질문하고 생각하게 돼요. 주체적인 크리에이티브는 정의하지 않은 가이드의 빈틈에서 폭발하고, 이미 정해졌다 생각하는 것까지 의심하게 되면서 새로움을 만드는 원동력이될 수 있어요. 소통이 잘되는 조직이라면 가이드라인이 얇아도 충분하다고 생각해요.

Ⓠ 처음 배민에 들어왔을 때 생각하고 구현했던 브랜딩, 소비자들이 생각하는 브랜딩 등 브랜드 이미지가 많이 변했다고 생각하시나요?

Ⓐ 제가 배민에서 일한 지 7년이나 되었군요. 소비자들은 항상 우리 예측보다 빠르게 움직이고 우리 서비스는 그동안 아주 많이 커지고 복잡해졌어요. 브랜드 초창기의 단순하고 굵직한 인상이 지금은 여러 사회적 관점에서 다양하게 해석되고, 브랜드 노후화도 그 사이클이 매우 짧아졌어요. 고객은 항상 새로운 것을 원하면서도 정체성이 없는 것은 싫어해요. 다양한 타깃에게 인정받는 브랜딩도 플랫폼 기업에겐 가혹한 목표인가 싶기도 하고요. 기업이 영속하려

이게 무슨 일이야!

면 한결같음과 새로움 두 가지를 유지해야 하는데 일이 점점 어려워지네요. 쉬우면 망하는 거겠죠?

◎ 조직이 커지면 창의성을 지키기도 점점 더 어려워질 텐데요. 그럼에도 꼭 지켜야 하는 건 무엇일까요?

🅐 회사가 커지면서 일의 방식도 계속 변하고 진화해야겠죠. 하지만 크리에이티브 조직의 핵심인 '발산과 수렴의 변화무쌍한 에너지'는 결코 훼손되면 안 돼요. 창의성을 도식적으로 표현하면 발산, 수렴, 발산, 수렴하는 하나의 다이내믹 메커니즘인데 구체적으로 예를 들면 이런 거예요. 회사에 속한 개인이 자유롭게 이것도 할 수 있고, 저것도 할 수 있어요(발산). 그러다가 회사 일의 목적에 맞게 집중해야 하죠(수렴). 하다 보니 이것도 할 수 있지 않을까 다시 논의하고 엉뚱한 의견을 나누면서 발산하다가, 결국 화르륵 수렴해서 결정을 내리면 하나가 돼요. 개인과 조직이 이렇게 수렴하고 발산하는 에너지를 서로 자연스럽게 느낄 수 있어야 해요. 그게 창의적인 조직이고, 이게 지켜져야 건강하게 성장해요.

'진짜'를 하려면
상자 밖으로 나와야 한다

Ⓠ 구성원들의 크리에이티브 능력을 키우는 방법도 있나요?

Ⓐ 생각과 태도가 굳어지지 않게 도우면 돼요. 사람은 누구나 '당연하다고 여겨지는 것'에 압도되어 살아가요. 또는 '좋아 보이는 것'에 굴복되기도 하고요. 반복되어 길들여진 것들이 크리에이티브의 적이라고 보면 돼요. 흔히 '나답게 일하고 싶다'고 막연히 생각하지만 정작 시간이 흘러 권한을 가진 위치에 올랐을 때 자기다움은 다 사라지고 눈치 보고 길들여진 무언가를 따라 하는 경우가 많아요. 매 순간 저항하며 살았다면 자신만의 독창성으로 지휘할 수도 있을 텐데 말이죠.

자신이 어떤 영향력 안에 있는지 깨달아야 그것에 대항

하고 저항하는 방식을 만들 수 있어요. 크리에이터들이 벤치마킹을 습관적으로 하다 보면 그 흐름 안에서 비슷한 것을 모방하거나 그 범주 안에서만 생각하는 경향이 생겨요. 아는 만큼 보이고 보이는 만큼 생각하게 되니까요. 그래서 'Out of BOX'라는 말을 종종 써요. 자신이 어떤 박스 안에 갇혀 있는지 깨달으라는 의미로 쓰는데 저 스스로에게 하는 말이기도 해요.

따라 하고 싶은 본능, 당연하기 때문에 질문하지 않는 자연스러움 등을 벗어나려면 누군가 나의 경계를 건드려줘야 하는데 그 누군가가 주위에 없다면 스스로 자신을 의심하면서 벗어나야죠. 저도 좋은 것을 보면 따라 하고 싶은 마음이 생기는데 그 마음을 바로 내팽개치는 것이 지금도 힘들면서 재밌어요.

Q 압도당하지 않고 오롯이 나의 것, 우리 회사만의 것을 만들기 위한 영감과 아이디어는 어디서 얻을 수 있나요?

A 쉽게 얻을 수 있는 트렌드로부터 오는 영감은 일단 거절하는 편이에요. 누구나 훔치는 것일 테니까요. 오히려 옛날부터 여태까지 살아남은 것들이 훨씬 편안하고 힘이 있는 듯해요. 클래식이라고 하는 것들 또는 흔하고 단순한 것들

　　　　　　　　　일 잘하는 '척'하는 법

이라고 해도 좋겠네요. 박물관이나 허름한 시장 같은 곳에 가면 겉모습은 고루한 것 같은데 가만 보면 진짜 재미있는 것을 발견하는 경험과 비슷해요. 리서치나 시장조사, 유명한 것들로부터 자유로워지려면 나만의 관점으로 진짜 좋아하는 것을 마주하는 행복을 자주 느껴야 하지 않나 싶습니다.

Ⓠ '진짜' 하고 싶은 일을 하고, 고유한 것을 만들기 위해서는 무엇부터 해야 할까요.

Ⓐ 상자 밖으로 탈출 Out of BOX 해야죠. 사실 우리가 상자 안에서 이것저것 하는 건 그만큼 몰입하고 있다는 의미이기도 하거든요. 몰입했으면 탈출도 해야죠. 탈출했으면 그다음 몰입도 해야 하고요. 탈출을 잘하는 사람이 몰입도 잘하는 것 같아요. 그 두 가지를 잘해야 재미있게 일할 수 있는데, 스스로 상자에서 나올 수 없다면 자신을 끄집어내줄 환경을 빨리 만들어야 해요. 제가 장인성 CBO님을 무척 좋아하는데, 그분이 탈출을 정말 잘해요. 구성원은 일하다 보면 계속 몰입해서 상자 안에 있는데 인성 님은 '이거 봐봐, 여기서 보면 이렇게 보이지 않니' 하며 빼냈다가 다시 놓아주는 걸 잘해요. 제가 하는 일도 비슷하고요.

　　누군가가 나를 상자에서 빼주는 환경을 만나면 좋겠지

만 스스로 해야 하는 사람도 있겠죠. 제가 스스로 상자 밖으로 탈출할 때 쓰는 방법인데 '내 머릿속의 지우개' 훈련을 합니다. '나는 이것을 모른다'고 계속 되뇌는 거예요. 우리가 일하다 보면 익숙하게 쓰는 특정 용어들이 있죠. 고객경험, 마케팅, 아이콘, 광고, 차별화, 전시… 그 용어를 머릿속에서 지우는 거예요. 나는 그 말을 모르기로 했으니까 다른 말을 써야 하고, 그러면 좀 더 긴 문장으로 정의하게 돼요. 그때 내가 뭘 하는지 구체적으로 알게 되고, 의심 없이 넘어갔던 그 일의 본질에 다가가요. 그 용어를 쓰는 사람들은 이미 거기에 몰입해 있어요. '안다'는 전제가 상자나 다름없고요. 남들은 다 상자 안에 있는데 나 홀로 먼저 탈출하기 시작하면 그렇게 상쾌할 수 없어요.

사람을 키워야
허무하지 않다

ⓠ 함께 일한 동료 중 '일 잘한다'고 생각했던 동료는 어떤 모습이었나요?

ⓐ 밝은 친구들이요. 에너지가 밝으면 어떠한 결함도 다 덮어버려요. 실수해도 더 기회를 주고 싶고 일을 더 잘하게끔 도와주고 싶고, 그러다 보니 결국 일을 잘하게 되고요. 그런 사람들은 자신의 약점을 제대로 알고 부끄럽더라도 약점을 잘 꺼내요. 부족한 기술을 마주하면 그때부터 막 공부하는 사람이 있는가 하면 그 기술의 베테랑을 자기 편으로 만들어 맡기는 사람도 있어요. 학습능력이 좋아서 공부해서 일을 잘해내는 것도 정말 좋지만 시간은 언제나 부족하잖아요. 밝은 사람은 자기가 공부하는 대신 잘하는 사람을 찾

아서, 자원을 쓱 끌어와서 일해요. 그리고 자신 있게 이야기하죠. '이 사람과 같이 했더니 이런 좋은 결과물이 나왔어요' 하고요. 옛날에는 여러 가지 기술을 배우고 알고 그걸 바탕으로 내 것을 만드는 게 제일이라고 생각했는데, 이젠 남의 자원을 쓰는 것도 엄청난 기술이라고 생각해요. 일이라는 게 한 번으로 끝나는 게 아니라 계속되잖아요. 그때마다 공부하는 것보다 자원이나 방법을 바꾸는 게 일도 하고 미래를 준비하는 길이라고도 생각해요.

◎ 조직 차원에서 창의적인 일을 할 때 개인의 창의성, 개인의 어젠다, 자기주도성을 찾고 지속해갈 수 있을까요?

Ⓐ 그 지점이 창의노동자들이 이직하는 이유겠죠? 일은 기본적으로 외부로 보이는 퍼포먼스와 내부로 향하는 본질 추구, 자기 발견이라는 두 가치 축으로 이뤄져 있어요. 이 두 축이 함께 충족되어야 개인과 조직이 건강해져요. 회사는 이 두 지점을 같이 건드릴 수 있도록 프로젝트와 문화를 동시에 설계해야 해요. 구성원 스스로가 주도적으로 일하고 있다는 것을 느끼고 회사도 그것을 인정하고 북돋우려면 끊임없이 서로의 이야기를 들어야 해요. 자신이 하고 싶은 일과 회사가 원하는 일이 일치하면 좋겠지만 큰 조직

일 잘하는 '척'하는 법

일수록 현실은 만만치 않죠. 이에 대해 소통하기 위해서 일부러 암묵지 같은 여백을 두고 일의 프로세스를 가끔씩 의도적으로 느슨하게 하는 지혜가 필요합니다. 앞만 보고 달려야 하는 성과 중심의 타이트한 일 중간에 '망쳐도 돼' 느낌의 느슨한 일들이 숨어 있다면 '이렇게도 일할 수 있구나' 하는 감각이 살아납니다. 믿음이 있는 조직에서는 사실 망할 일들도 다시 살아나곤 하니까요.

◉ 조직 차원에서 창의적인 일을 하면서 어떻게 조직의 효율성도 지속할 수 있을까요?

Ⓐ 많은 회사가 창의적으로 일하고 싶다고 말하지만, 사실은 속으로 원하지 않기도 하고 못하기도 하죠. 저희 회사도 조직마다 분위기가 다르고 제가 있는 조직도 누군가에겐 창의적이지 않다고 여겨질 수 있어요. 상대적이며 추상적인 개념이 '창의조직'이란 말에 담겨 있으니까요.

저는 특별히 노력하지 않아도 자연스레 만들 수 있는 것이 '효율적인 조직'이 아닐까 생각하기도 해요. 창의성의 반대를 효율성으로 본다면 조직은 생존을 위해 '효율성'으로 무조건 치닫게 돼 있어요. 걸리적거리는 것을 없애고 매끄럽게 다듬어 표준화를 추구하는 것이 인간의 시스템 만들기

역사잖아요. '창의성'은 내버려두면 마구 증진될 것 같지만 오히려 '조직의 창의성'은 섬세하게 관리하지 않으면 효율성으로 치우쳐 망가지게 돼 있다고 생각해요. 어떤 군대 조직에서 '창의적으로 일하는 방법'에 대한 문의가 온 적이 있었는데 아이러니하다고 생각했어요. 세상 가장 효율적인 조직이 군대인데 창의성의 결여로 조직에 문제가 있다고 하니 재미있죠. 인간이 모여 있는 곳에서 인간의 가장 중요한 욕망인 창의성을 잃어버리면 어딘가는 병이 생기나 봐요.

수렴과 발산의 균형점을 찾고 그 리듬을 잘 운영하는 것처럼 조직 시스템도 효율성과 비효율성(창의성의 또 다른 말)을 일부러 뒤섞어서 적절한 균형감을 찾으면 좋겠어요. 그럴 때 구성원들도 안정감과 흥미로움을 동시에 느끼면서 힘든 일을 이겨낼 수 있을 거라 생각해요. 예측 불가능한 창의성은 문제도 만들지만 기적도 만드니까요.

일 잘하는 '척'하는 법

평생 잊지 못할
결정적 순간을
만드는 일

안연주 피플실장

"피플실이
뭐 하는 조직이에요?"

　　안녕하세요, 저는 우아한형제들의 피플실 1호 구성원이자 실장입니다. 피플실에서 일한다고 하면 많은 분들이 물어보십니다. 뭐 하는 곳이냐고요. 이런 질문을 수도 없이 받았어요. 막연히 스타트업의 문화라고 짐작하는 분도 계시고, 총무부서나 사내 CS부서로 생각하는 이들도 많습니다. HR쪽과 겹친다고 생각할 여지도 있죠. '일'에 대한 고민을 나누는 책인 만큼 이제부터 '피플실의 일'에 대해 말씀드려보겠습니다. 더불어 일하는 사람 '안연주의 일'에 대해서도요.

　　처음부터 제가 피플실 소속은 아니었습니다. 입사할 때는 마케팅실 소속 커뮤니케이션 팀장이었어요. 가끔은 언론

　　　　　평생 잊지 못할 결정적 순간을 만드는 일

사에 보낼 보도자료도 쓰고, 외부에서 저희 대표님 강연이나 인터뷰 요청이 오면 기분 상하지 않게 거절하는 메일도 썼습니다. 말하자면 친절한 커뮤니케이션 담당자였죠. 우리 회사에 입사하고 싶은 분이 지원서를 냈는데 아무 소식이 없으면 답답하잖아요. 예전엔 회사에 채용팀이 따로 없어서 조직장님들이 일일이 검토하고 회신했는데, 그럴 때 귀한 인재를 놓치는 일이 없도록 제가 소소한 커뮤니케이션을 담당했습니다. '지원서가 잘 도착했습니다. 저희가 검토하고 일주일 이내에 회신 드리겠습니다' 같은 답신을 하고, 조직장님들에게도 환기해드리고요.

그렇다고 대외홍보팀은 아니었고, 오히려 사내 커뮤니케이션에 더 방점이 찍혀 있었습니다. 방금 예를 든 채용에서의 소통도 마찬가지죠. 조직장님들이 너무 바쁘고 할 일도 많으니 채용 같은 중요한 일을 놓칠 수 있는데 접점에서 제가 잘 연결하는 일을 한 거죠. 그렇게 해서 입사한 분들에게는 "제가 연락드렸던 안연주예요" 하면서 환영해드리고요.

입사 이야기를 하니 제 출근날이 생각납니다. 2013년 4월 1일에 첫 출근을 했으니 어느덧 9년을 꽉 채웠네요. 원래 입사일은 4월 3일인데, 봉진 님이 매달 하는 사내행사가 있는데 재미있을 거라고 초대해주셔서 이틀 먼저 회사에 갔어요. 어떤 자리이기에 먼저 와보라는 걸까, 아침 7시에 집을 나서면서 궁금하고 설렜던 기억이 납니다.

그렇게 도착해보니 정말 신기한 행사더군요. 전체 구성원들이 오전 내내 일은 하지 않고 '우리 지난달에 이런 걸 달성했어요'라고 발표하고 박수 치고, '고객들 반응이 이랬어요'라고 발표하고 또 박수 치고, 입사자들을 무대에 모셔서 소개하면서 또 박수 치고, 그 달 생일 맞은 분들을 모셔서 또 박수 치고, 그러고는 강연자를 모셔서 강연을 열심히 듣는 겁니다. 청중의 리액션이 이렇게 좋으니 강연할 맛이 나겠다는 생각이 절로 들더라고요. 그러고도 끝이 아니었습니다. 강연이 끝나자 모둠을 짜서 조별로 점심 먹고 커피 마시면서 2시간 동안 수다를 이어갔습니다.

저는 그때까지 밥 먹는 시간도 아까워하던 사람이었어요. 이전 직장 동료들이 제 주변에 어떤 막이 있는 것 같다고 할 정도였으니까요. '나 지금 바쁘니 말 걸지 말라'는 아우라를 발산하며 밥도 안 먹고 일만 하는 그런 사람이었던 겁니다. 한번은 퇴사하는 과장님이 저를 어느 카페에 데리고 가더니 "여기 한 번도 안 와봤죠?" 하시더군요. 회사에서 늘 가던 단골식당 코너만 돌면 나오는 곳이었는데, 저는 정

평생 잊지 못할 결정적 순간을 만드는 일

말 처음이었어요. 과장님이 그럴 줄 알았다며 너무 일만 한다고 걱정하셨는데, 그런 제가 우아한형제들의 첫인상에 얼마나 놀랐을지 짐작하실 겁니다. 이래도 되나 싶게 모든 구성원이 너무 성실하게 소통하고 잡담하고 수다 떨며 반나절을 보냈으니까요.

아마 외부에도 많이 알려진 우아한형제들의 일하는 문화가 이런 모습일 겁니다. 웃고 떠들고 잡담하며 행복하게 일하는. 이런 문화를 꽃피울 수 있도록 하는 게 사내 커뮤니케이션 담당인 제가 할 일이라는 느낌이 왔습니다. 별도의 OJT를 하거나 인수인계를 받았던 것은 아니고요, 그냥 그날 겪은 모든 경험과 자극들이 제게 말해주었습니다. 내가 받은 이 신선한 경험을 다음에 오는 구성원들에게 고스란히 전하라는 것이구나. 재미있을 것 같고, 잘해볼 수 있을 것 같다고 생각했던 기억이 납니다.

그 후 시간이 지나면서 조직 구성원이 100명을 넘어가면서 구성원 케어를 전담하는 팀이 있으면 좋겠다는 판단에 피플실이 만들어졌고, 지금은 17명이 함께하고 있습니다. 이 숫자 자체가 우아한형제들이 구성원 케어에 얼마나 관심이 큰지를 방증하는 것 같아요. 최근에 조직문화의 중요성을 인식하고 전담팀을 만드는 회사가 많아졌는데, 좋은 의도로 만들었다가도 사정이 생기면 축소하는 경우가 무척 많거든요. 하지만 피플실은 빠르지는 않아도 꾸준히 커왔으니까요.

평생 잊지 못할 결정적 순간을 만드는 일

나다움을 표현하며
세상에 나의
발자취를 남기는 것.

일이란 무엇인가요?
전사교육팀 이규희

구성원이 회사에 바라는 네 가지 그중에 소통과 존중

피플실이 하는 일을 한마디로 표현하기는 어렵습니다. 그래도 해본다면 저는 피플실이 배민다움이 무엇인지 보여주는, '배민다움 그 자체'라고 생각합니다. 조직에 1700명의 구성원이 있는데 17명짜리 피플실이 배민다움 그 자체라니 '자뻑' 아니냐고 할지도 모르겠지만, 나름의 이유가 있습니다.

저희는 구성원들에게 배민다운 경험을 더 자주 느끼게 하는 경험 전문가들입니다. 일하면서 하는 경험이 수십 수백 가지일 텐데 그중에서 피플실은 소통과 존중의 경험, 이두 가지에 집중합니다.

우아한형제들은 구성원들에게 질문했습니다. '좋은 회사란 어떤 회사인가요? 나쁜 회사란 어떤 회사인가요?' 구성

평생 잊지 못할 결정적 순간을 만드는 일

원들의 대답은 크게 네 가지 키워드로 정리되었습니다. 회사의 '비전'이 명확하고, '성장'하는 회사여야 하고, '소통'이 잘되는 회사였으면 좋겠고, 마지막으로 내가 일개 부속품이 아니라 이 회사를 함께 키우는 구성원으로서 '존중'받는다고 느끼며 일하고 싶다고요.

그중 비전과 성장은 각 조직과 사업부 리더들이 주체적으로 고민하실 테니, 저희 피플실은 구성원들이 '여기는 정말 소통이 잘되는 회사구나' '내가 존중받고 있구나' 하고 느낄 수 있는 경험을 어떤 포인트에서 만들지 고민합니다. 미친 듯이 소통하는 회사, 나를 존중하는 회사라는 것을 구성원들이 저절로 느끼도록 말이죠.

외부에서 보시기에 '우아한형제들은 사내 복지가 무척 잘돼 있고 재미있는 회사'라는 이미지가 있는 것 같아요. 실제로 복지도 잘 갖추려 노력하고 있고, 크고 작은 이벤트도 많이 기획합니다. 하지만 그게 단순히 구성원들을 재미있게 해주려고, 멋진 회사라는 이미지를 만들려고 하는 건 아니겠죠.

창업자인 봉진 님이 이런 말을 하셨어요. 처음부터 창업을 의도한 게 아니라 어쩌다 보니 하게 됐는데, 어쨌든 창업을 한 이상 본인이 좋아하는 나이키나 애플처럼 사랑받는 브랜드가 되고 싶다고요. 그러려면 구성원들부터 배민이란 브랜드를 좋아하고 행복하게 일해야 한다고요. 즉 '배민다움'은 바깥으로만 향하는 메시지가 아니라 조직 내부에서, 구성원들이 체화하여 표정과 말과 행동으로 자연스럽게 우러나는 문화여야 한다는 것입니다. 말하자면 내부 브랜딩 internal branding 이죠.

사람들에게 사랑받는 브랜드, 구성원이 사랑하는 회사가 되려면 회사가 먼저 구성원을 사랑해야 합니다. 애정과 관심이 있다는 표현을 잘해야 하는데, 그것을 중점적으로 고민하고 실행하는 것이 피플실의 역할입니다. 그런 점에서 다른 회사의 인사총무 부서와는 성격이 다르죠. 관리가 아니라 관심과 애정을 위해 일하는 조직이랄까요.

피플실의 비전을 정리하면 '배민다운 경험을 조직 구석구석에 계속 선물하는 팀'이라 할 수 있습니다. 이렇게 생각하면 책임이 몹시 큽니다. 구성원들에게 피플실은 주요 소통 채널이자 배민다운 경험을 하는 창구가 되니까요. 그래서 저희는 어떤 행사를 준비하거나 선보일 때가 아니더라도 평상시의 커뮤니케이션에 무척 신경씁니다. 우리를 통해 구성원들이 '배민다운 소통이 저런 거구나' '배민다운 존중은

저런 거구나'를 경험할 수 있도록 노력합니다. 구성원들이 배민이라는 브랜드를 좋아하고 '이 회사에서 일하는 것이 행복하다'고 느낀다면 배민다움 그 자체가 되는 거겠죠.

조직이 지금보다 작을 때는 구성원 한 명 한 명의 생일이나 경조사를 챙김으로써 '회사가 나를 이렇게 케어한다'고 알게 했다면, 이제는 팀과 실이라는 조직 단위의 경험을 어떻게 만들지 조직장님들과 함께 고민하는 중입니다. 거창하다면 거창하고 어려운 일이지만, 그래도 노력하는 만큼 보람은 있다고 생각합니다. 구성원들이 피플실에 대해 이렇게 말해주시거든요.

"피플실은 소울이죠, 우아한형제들의 소울."

저는 이 말이 무척 마음에 듭니다.

크든 작든 치밀하든 헐렁하든
모든 게 '당신에게 진심'

저희는 구성원들과 커뮤니케이션하는 방식이나 이벤트를 설계할 때 '배민다움이 이런 느낌이구나'라는 경험이 쌓이게끔 철저히 고려합니다. 그 경험을 통해 모호하기 그지없는 배민다움이란 조직문화가 뭔지 조금씩 알아가고, 그렇게 행동하게끔 의도합니다.

일례로 2019년 송년회 행사를 준비할 때 저희가 가장 신경쓴 것은 화려한 치장이 아니라 외벽에 구성원 이름을 적는 것이었어요. 일주일 전에 입사한 분들까지 850명이 넘는 전체 구성원의 이름을 행사장 외벽에 다 적었거든요.

행사장에 들어가는 그때 저희가 기대했던 게 뭘까요?

행사장에 갈 때는 대개 삼삼오오 모여서 움직이잖아요.

평생 잊지 못할 결정적 순간을 만드는 일

'내 이름은 어딨지?' 하면서 찾고 '찾았다!' 하고는 서로 인증샷을 찍어주길 바랐어요. 활짝 웃으면서요. 사진을 가족에게 자랑할 수도 있고 SNS에 올릴 수도 있겠죠. 우리가 구성원 한 분 한 분을 존중하고, 이 회사는 우리가 다 같이 만든다는 메시지를 말로만 하는 게 아니라 이런 장면으로도 녹일 수 있는 것이죠.

그전에도 지하철 광고를 집행하면서 구성원들의 이름을 깨알같이 넣은 적이 있어요. 제 이름을 발견하고 어찌나 기쁘던지, 지하철역에 쭈그려 앉아서 인증샷을 찍고 자랑하지 않을 수 없었습니다. 그때 했던 제 경험을 이후에 오시는 구성원 분들에게 똑같이 인수인계하듯 전하는 겁니다.

그러다 보니 자연스럽게 신규 입사자들의 환영에 힘을 많이 쏟게 됩니다. 서비스 관련 연구를 보면 첫인상에 집중하라고 하잖아요. 입사 첫날 동료들이 나를 어떻게 반겨주는지가 회사의 첫인상을 좌우하죠. 그래서 저희는 '웰컴온'이라는 환영식을 마련했습니다. 그 주에 입사한 분들과 삼삼오오 모여서 커피도 마시면서 지금의 회사가 있기까지의 히스토리를 들려드리고, 입사한 후의 긴장감을 풀어드리려 마련한 자리입니다. '회사가 나를 아끼고 잘 걸을 수 있게

손잡아주는 다정한 느낌이었다' '긴장하기 마련인 입사 순간을 즐거운 여행이라 기억할 수 있게 됐다' 등 피드백을 보면, 웰컴온은 사소하지만 매우 중요한 자리임을 새삼 실감합니다.

그 자리가 끝나면 전체 메신저방에 신규 입사자들을 초대해서 인사하고 환영하는 시간을 가졌습니다. 지금은 하지 않지만 그게 가능한 인원이었을 때가 있었어요. 그때 입사자의 마음이 어떨지 생각해봤습니다. 얼굴도 모르는 사람들이 500~600명이나 있는 대화방에 처음 들어갈 때 신기하기도 하지만 굉장히 어색하고 불편하겠죠. 그런 포인트를 염두에 두고 미리 안내합니다. '조금 있으면 대화방에 초대할 텐데 주로 어떤 대화가 이루어지는 공간이다, 그곳에 들어가셔서 잘 인사하면 된다'고 언질을 줍니다. 그러고도 막상 초대하면 "안녕하세요"라고 인사한 후 1~2초가 무척 숨막히잖아요. 반응 없이 썰렁한 그 순간이요. 그때 "오늘 입사하신 무슨 팀의 누구고요" 하면서 자연스럽게 반응을 이끌어갑니다.

그게 끝이 아니에요. 첫인상 못지않게 그다음 경험도 중요합니다. 처음에 좋은 인상을 받았는데 두 번째에 전혀 다른 모습이면 혼란스럽고 실망스럽겠죠. 그래서 꾸준히 좋은

평생 잊지 못할 결정적 순간을 만드는 일

인상을 강화하도록 구성원과 접점을 만들 때 나름대로 치밀하게 설계합니다. 신규 입사자에게 선물을 줄 때도 한 번에 다 주지 않고 적절하게 나눠서 주는 식이죠. 월요일에 웰컴온을 했으면 한 주를 보내고 정신없을 금요일 오후쯤 두 번째로 찾아가서 잘 지내고 계시냐고 묻고, 2주 차쯤 됐을 때는 부모님께 입사선물을 보내드립니다. 잘 키워서 보내주신 인재와 함께 좋은 회사를 만들겠다는 메시지를 담아서요.

웰컴온을 할 때도 어떻게든 '당신에게 진심'이라는 느낌을 주고자 그때그때 방식을 바꿔보려고 노력합니다. 제가 매뉴얼대로 하는 것을 불편해하는 성향이기도 하고요. 어차피 입사자는 매번 바뀌는데 매주 변화를 줄 필요가 있냐고 생각할지도 모르겠습니다. 하지만 간식 하나로도 스토리텔링이 될 수 있거든요. "이게 스페인에서 유명한 국민 간식이래요, 오늘 웰컴온 하려고 샀어요" 하면 애정을 보일 기회가 되는 거죠. 조직문화라는 게 각자가 속한 팀에 따라 온도 차는 분명히 있지만, 적어도 '우아한형제들에 있는 동안 나도 그런 경험을 했어'라고 말할 수 있게 하겠다는 생각으로 웰컴온에 각별히 신경쓰는 편입니다.

이렇게 나름대로 열심히 프로그램을 운영해왔는데, 팬

이게 무슨 일이야!

데믹으로 갑자기 집에서 '나 홀로 입사'를 하게 되었습니다. 저희로서는 큰일이죠. 재택근무에 필요한 장비를 집으로 보내드리면서 피플실에서도 웰컴 키트를 보내기로 했습니다. 그냥 보내는 것보다 당신을 정말 환영하고 기다렸다는 마음을 표현하고 싶었습니다.

고민 끝에 상대방의 이름으로 이행시를 쓰기 시작했습니다. 이행시도 그냥 재미있게만 쓰는 게 아니라 입사하는 상황과 어울리는 멘트로 저희 팀에서 열심히 작문을 했습니다. 이걸 받으면 좋아하겠지, 감동하겠지 상상하면서요. 실제로 이행시를 받은 구성원들의 답장에는 그 순간의 행복이 고스란히 담겨 있습니다. 어느 분은 우아한형제들 6행시로 화답하시기도 했고요.

'한 사람을 위해 이렇게까지 준비해야 하나' 생각하실지도 모르겠습니다. 그렇게 해야 한다고 생각해요. 한 사람이 받는 행복이 아니거든요. 집에서 택배를 받으니 가족이 함께 열어보고 가족이 더 좋아했다는 이야기를 많이 듣습니다. 한 사람이 받은 마음이 가족으로, 팀으로, 많게는 1700명에게 다시 돌아오는 겁니다.

그런 피드백을 받으면 저희도 힘을 얻어서 더 아이디어를 내고 발품을 팔게 됩니다. 2021년 창립 11주년 행사 때

　　　　　　　평생 잊지 못할 결정적 순간을 만드는 일

는 구성원들의 집으로 스페셜 굿즈를 발송하면서 감사 메시지에 각자의 이름을 넣었어요. 준비하면서 제시간에 마련할 수 있을지, 배송 오류가 있으면 어떡하지 오만 걱정을 다 했습니다. 하지만 누군가를 감동시키면서 리스크와 효율만 생각할 수는 없지요. 오히려 비효율적인 게 가장 효과적일 때도 있고요. 그래서 실수 없이 하는 방법을 찾고 혹시나 이름이 잘못 들어갔을 때를 대비해 플랜B를 생각하면서 밀어붙였습니다. 이제 저희 아이들은 회사에서 온 택배상자만 봐도 알아요. 엄마 회사에서 뭐가 또 왔다면서 열어보기 전부터 즐거워합니다.

이렇듯 피플실의 모든 활동은 크든 작든 헐렁하든 치밀하든 의도와 전략이 들어갑니다. 비단 세심하고 센스 있는 선물 리스트를 구성하는 것만이 피플실의 일은 아닙니다. 세심함의 이면에는 우리가 전하고자 하는 의도가 명확하게 있거든요. 이 명확한 마음을 어떻게 구성원들에게 닿게 할까, 어떻게 해야 가장 인상 깊고 기분 좋게 전달할 수 있을지를 늘 고민합니다. 선물을 받는 순간의 감정, 그리고 받고 난 이후의 행복한 경험을 그려보는 데 훨씬 공을 들입니다.

2020년 범준 님이 대표이사가 되면서부터 저희가 챙기는 선물에도 변화가 생겼습니다. 자녀를 초등학교에 보내는 엄마 아빠 구성원들을 대상으로 입학선물을 준비하기 시작했어요. 기왕이면 부모님이 좋아할 선물보다는 아이가 딱 받았을 때 "와~!" 할 수 있는 선물을 하고 싶었습니다.

처음에는 책가방 이야기가 나왔는데, 구성원들과 대화해보니 책가방은 이미 준비했을 거라 하더군요. 아이들은 학교 가는 게 설레기도 하고 두렵기도 할 테니 소풍 가는 마음으로 즐겁게 등교하길 바라는 마음에 소풍 가방을 컨셉으로 구성했습니다.

그런 다음 경험을 설계하기 시작했습니다. 선물을 어떻게 전달해야 그 구성원이 나중에 '그때 정말 감동이었어' 하고 떠올릴지, 그 결정적인 순간을 만들기 위한 고민입니다. 아이 이름으로 택배를 보낼 수도 있겠지만 엄마 아빠가 직접 들고 가면 더 좋을 것 같아서 회사에서 드리기로 했습니다. 그것도 자리로 찾아가서 떠들썩하게 전달하는 겁니다. 그러면 동료들이 '뭐예요?' '무슨 일이에요?' 하면서 모여들겠죠. 그러면서 자연스럽게 우리 구성원이 학부모가 된다는 걸 동료들도 알고 축하할 수 있도록 기획하는 것입니다. 그냥 입학선물을 준비하는 게 아니라 평생 잊지 못할 한 장면, 결정적 순간을 만들어주는 것이 우리 피플실의 일입니다.

평생 잊지 못할 결정적 순간을 만드는 일

이때 어느 구성원께 받은 피드백을 저는 잊지 못합니다. 동료들의 축하 속에 활짝 웃으며 "고객만족은 이렇게 하는 거지~ 피플실에서 배워야 한다니까!"라고 하시더군요.

내가 하는 일이 어떤 의미인지 되새겨볼 수 있는 최고의 피드백 중 하나였습니다.

누군가의 꿈을 돕는 일에도 의미가 있다

일은 돈이 아니라
사람이 한다

최근 조직문화에 대한 관심이 높아지면서 컬처팀을 만드는 회사가 늘고 있다고 들었습니다. 그러나 막상 구성원들 이야기를 들어보면 '난 잘 모르겠던데'라는 반응도 있습니다. 회사에는 관련 부서가 있는데 구성원이 경험해본 건 없다는 거죠. 이제 막 첫 삽을 뜨는 조직은 아무래도 많은 시행착오를 겪기 마련입니다. 그 과정을 잘 이겨내고 각 조직에 잘 맞는 문화를 정립하는 회사가 많이 생기면 좋겠습니다. 피플실의 사례가 도움이 된다면 저희에게 더욱 의미 있을 테고요.

더러는 피플실의 활동을 두고 '배민이니 가능하다'는 말씀을 하십니다. 아예 틀린 말은 아닙니다. 피플실이 이만큼

폭넓게 고민하고 활동하는 것은 내부 브랜딩을 고민해온 조직의 히스토리가 있었기에 가능하다고 생각해요. 그러나 배민도 처음에 힘들기는 마찬가지입니다. 저희 형제법인인 베트남 법인도 현재 피플팀을 준비하면서 그 과정을 지나고 있습니다. 저희에게 이것저것 묻고 고민도 토로하고, 저희도 그동안 해온 일을 알려드리고 사례도 들려드리지만 참고용일 뿐입니다. 조직문화를 만드는 데 정답이나 공식이 있는 건 아니니까요. 같은 법인이라 해도 조직의 상황과 반응을 살피면서 적절한 행동을 취해야 합니다.

우선 회사가 원하는 모습이 뭔지 구체적으로 확인해야 합니다. 일종의 버킷리스트처럼 내가 생각하는 좋은 조직문화는 어떤 모습이고, 구성원들이 어떻게 일하고 소통하기를 원하는지 명확히 하는 겁니다. 그걸 알면 돈을 써서 해결될 일인지 돈을 안 쓰고 하는 방법이 있는지, 내부에서 직접 할지 외주를 써서 할지 정해지겠죠. 방향이 정해지면 방법은 다양합니다.

여기에는 리더의 의지가 절대적으로 중요한 것 같아요. 아무리 복지나 처우가 좋더라도 리더 본인이 무엇을 원하는지 정확히 모르고 '중요하니까, 해야 하니까, 남들도 하니까'

평생 잊지 못할 결정적 순간을 만드는 일

한다는 식이면 문화가 바뀔 수 없겠죠. 이러면 조직문화팀이 만들어져도 사내 우선순위에서 밀리거나, 자꾸 다른 일이 주어져서 일하는 사람만 힘들어집니다.

'배민은 예산이 많으니 가능하다'는 이야기도 가끔 듣습니다. 이 또한 아예 틀린 말은 아닙니다. 모든 구성원이 참여하는 상하반기 전사 행사 때는 돈을 많이 들이기도 하죠. 하지만 조직문화가 돈을 써서 만들어진다고 생각하지는 않습니다. 맛있는 밥 사주고 같이 커피 마시면서 소통할 수도 있지만, 앞서 예시에서 말씀드렸듯이 피플실이 의도하는 고객경험은 물질로 전해지는 것이 아닙니다.

제가 생일 챙기는 데 몹시 진심이에요. 팥을 무척 좋아한다는 어느 구성원에게는 정말 맛있다고 소문난 단팥빵을 사서 초 하나 꽂고 축하한 적이 있습니다. 매년 생일은 돌아오는데 매번 똑같이 축하하고 싶진 않아서 매해 고민했어요. 상대방에게 잘 어울리는 글귀를 찾아 적어주기도 하고요. 내가 생각하는 나도 중요하지만 타인이 나를 어떻게 보고 나에게 뭘 기대하는지 생각해볼 수 있고, 누군가는 그 글귀대로 하루를 살아보고 싶다는 마음도 들겠죠. 누군가를 기쁘게 하는 활동에 돈이 중요하다고 생각하지는 않습니다. 물론 약간의 발품과 노력은 필요하지만요. 오히려 이런 사소한 것들을 재미있어하지 않나요? 돈을 들이는 경험은 다른 데서도 가능하지만, 회사에서 이렇게까지 챙겨주는 경험은 흔치 않으니까요.

조직문화 활동이라면 당연히 예산이 필요하다고 생각하기 쉽습니다. 하지만 조직문화를 조성하는 것이 돈이나 규모 같은 조직의 여건에 좌우되는 일은 아니라는 말씀을 드리고 싶어요. 정말 작은 조직이어도 되고, 담당자가 없어도 된다고 생각해요. 소통하고 존중하는 문화가 필요하다는 공감대가 형성되면 예산이나 조직체계가 다소 미비해도 서로의 생각을 공유하고 존중하는 문화를 만들 수 있습니다.

만약 조직에 피플실 같은 부서나 담당자가 없다면 그런 마음가짐을 갖는 구성원이 조금씩 매듭을 풀어갈 수도 있겠죠. 이런 구성원 주위에는 자연스럽게 사람들이 모입니다. 그 구성원 덕분에 소식을 알 수 있고, 어디에 가야 내 고민을 해결할 수 있는지 힌트를 얻을 수 있거든요. 덕분에 일이 수월하게 풀린다면 그 구성원은 소통하고 도우려는 마음가짐만으로 전체의 성과를 높이는, 일 잘하는 사람이 되는 겁니다. 일은 혼자 하는 게 아니고, 특히 회사에서 하는 일은

평생 잊지 못할 결정적 순간을 만드는 일

긍정적인 변화를 불러오는 것.
목표가 달성되지 않았더라도
어떤 방면에서
좋은 변화를 일으키는 것.

일을 잘한다는 것은 무엇인가요?
서빙로봇마케팅파트 양가영

더욱 그렇잖아요. 항상 누군가와 소통하고 협업해야 하죠. 조직에 서로 공감하고 교류하는 문화가 없으면 회사생활이 삭막해질 뿐 아니라 일 자체도 힘들어지는 것 같아요. 물어볼 곳도, 도움을 요청할 곳도 막연하면 더욱 그렇고요. 그런 점에서 어떤 마음가짐으로 동료를 대해야 할지 모두가 생각해보고, 노력해보면 좋겠습니다.

돌아보면 피플실 구성원들의 성향도 대부분 그런 것 같아요. 남을 도울 때 기분 좋은 사람들이거든요. 누군가를 돕고 사람들이 나를 필요로 할 때 행복한 사람들. 조직에 이런 사람들이 필요하다는 걸 느끼고 그런 분들을 모은 거죠.

저만 해도 우리 집 가훈이 '꼭 필요한 사람이 되자'예요. 탁월한 사람이 되지는 못하더라도 어딘가에서 나를 꼭 필요로 하는 쓸모 있는 사람이 되고 싶다고 항상 생각합니다. 우아한형제들에 입사한 중요한 이유이기도 하고요. 사실 저는 배민이라는 서비스 자체를 엄청 좋아해서 입사한 경우는 아니에요. 대표님의 경영철학이나 비전이 멋있다고 생각해서 지원했죠. 봉진 님이 어느 강연에서 '꿈이 없어도 괜찮다, 누군가의 꿈을 돕는 것도 의미 있다'고 하셨는데, 크게 공감했습니다. 그 후 입사 인터뷰를 할 때 봉진 님을 보니

평생 잊지 못할 결정적 순간을 만드는 일

우리 배달시장을 발전시킨다는 현실적인 목표가 있고, 왠지 실현할 수 있을 것 같고, 좋은 조직문화에 대한 키워드가 명확하고, 이미 실천하고 있었습니다. 다만 혼자 하기 어려운 상황이어서 도울 사람이 필요한데, 제가 잘할 수 있는 일이니 제 능력으로 이 회사의 성공을 도울 수 있겠다고 생각한 거죠. 그러고 나니 제가 할 일이 머릿속에 그려지기 시작했습니다. 봉진 님은 제 업무가 홍보도 마케팅도 CS도 비서진도 아니고 포지션이 애매한데 괜찮겠냐고 했지만 저는 "애매하지 않아요"라고 대답했습니다. 요점은 분명했으니까요. 우리 회사가 중요하게 여기는 것들이 무엇인지 구성원들이 경험하게 하고, 좋아하게 만드는 것, 그래서 구성원들을 이 회사의 팬으로 만들어달라는 것이었으니까요. 그리고 외부에 있는 분들에게도 친절하게 소통해서, 설령 거절당하더라도 기분 나쁘지 않고 응원하고 싶다는 마음이 들게끔 하라는 것이니 이해가 되었습니다. 할 수 있을 것 같았고요.

누군가의 이야기를 듣고 반드시 문제를 해결해줄 필요도 없습니다. 귀 기울여 듣고 공감하면 됩니다. 피플실 또한 문제해결을 위해 존재하는 팀이 아니라 듣고 공감하는 팀이에요. 저희에게 오는 분 중에는 문제를 같이 해결해주기를 바라는 경우도 있지만, 그냥 하소연을 들어달라고 오기도 합니다. 혹은 본인은 너무 불편한 상황인데 자기만 그렇게 생각하는지 확인하러 오는 분도 있고요. 저희도 그 의도를 먼저 묻고, 그다음에 듣습니다. 그렇게 듣고 공감하다 보면 문제가 해결되는 경우도 있고요. 해결의 시작은 말하고, 듣고, 공감하는 것이에요. 그런 노력만 조금 기울인다면 여러분의 조직에도 변화가 시작될 겁니다.

서로의 시간을
소중히 존중하는 것.

일을 잘한다는 것은 무엇인가요?
프로덕트비전팀 서영미

회사의 일이
내 삶과 사회의 일로

지금까지 우아한형제들의 피플실이 어떤 일을 하는지 간략하게나마 말씀드렸습니다. 배민다움이라는 조직문화를 모든 구성원이 경험하고 체화하게 한다는 명확한 의도를 전하고자 늘 고민하며 열심히 움직인다는 말씀을 드리고 싶었는데, 잘 전달됐는지 모르겠습니다.

한번은 웰컴온 행사를 하는데 어느 분이 피플실의 KPI를 물었습니다. 피플실의 일이란 게 구체적인 숫자로 성과를 내보이기 어려운데, 그런 정량적인 지표가 있느냐는 질문이었습니다. 일이란 성과와 목표가 명확해야 하니, 저희도 고민하지 않을 수 없었습니다. 그래서 팀을 만든 봉진 님에게

평생 잊지 못할 결정적 순간을 만드는 일

여쭤봤어요. 피플실은 어떻게 하면 일을 잘한다고 할 수 있냐는 질문을 너무 많이 받는다고요. 그랬더니 '회사가 중요하게 생각하는 성과지표가 잘 나오면 피플실이 잘하고 있는 것이라고 생각한다'고 답변해주시더라고요. 덕분에 KPI에 대한 부담, 눈에 보이는 성과를 증명해야 한다는 압박 없이 일할 수 있었습니다. 하지만 한편으론 KPI에 대한 질문은 우리 방향성을 묻는 질문이기도 하죠. 우리의 존재이유, 그걸 해가는 과정과 성과를 명쾌하게 답하고 싶은 갈증이 있었던 것 같아요.

2018년부터는 회사에 개별평가피드백 제도가 도입되어 정성적으로나마 각자 자신의 성과에 대해 반기별, 연간별로 잘한 점, 아쉬운 점을 리뷰하기 시작했습니다. 그 과정에서 직속 상사였던 봉진 님에게 받았던 첫 피드백이 기억에 남습니다.

"우리 구성원들이 많이 웃고 있죠? 그러면 피플실이 일을 잘하는 거예요."

구성원들에게 관심과 애정을 표현하고, 공감의 리액션을 하고, 그럼으로써 동료를 웃게 하는 게 저희 일이라는 말에 위로와 힘을 받았습니다. 생각해보면 이건 특정 팀만의 역할이 아니라 누군가와 함께 일하는 모든 이들의 역할인데,

그것만 잘해도 된다는 것이니까요.

저희 일에 대한 이야기를 하면서 제 일에 대해서도 생각해봅니다. 제 일을 잘하고 있는지, 앞으로도 잘할 수 있을지.

제가 생각하는 '일 잘하는 사람'은 꾸준히 잘하는 사람입니다. 예를 들어 지금의 리더와 합이 잘 맞아서 잘하는 분이 리더나 일하는 스타일이 바뀌어도 잘해낸다면 진짜 일을 잘하는 거겠죠. 어느 날 한 번 운이 좋아서, 컨디션이 좋아서 반짝 잘할 수는 있는데, 한계가 있는 상황에서도 좋은 결과를 만들어내는 사람이 진짜 일 잘하는 사람이라 생각합니다. 저도 봉진 님의 뜻과 방향성에 공감해서 출발했고, 팬데믹 등 예상치 못한 상황을 마주했지만 저를 전적으로 믿어주는 분들 덕분에 지금까지 해오고 있습니다.

물론 크고 작은 고비와 고민은 늘 있습니다. 지금까지 잘했다고 해서 다음 번에도 잘하리란 보장이 없고, 이번에 잘한 게 제 실력 때문인지 여건 때문인지도 애매하고, 피플실의 리더로서 우리 조직 구성원들의 성장에 도움을 주고 있는지 계속 돌아보게 되죠.

나아가 지금 회사에서 하는 일을 이후의 제 커리어로 연결하는 생각도 해봅니다. 평생직장이 없는 시대고 회사

평생 잊지 못할 결정적 순간을 만드는 일

구성원으로서, 가족의 아내이자 엄마로서 이미 N잡러의 삶을 살고 있으니 다음 스텝도 생각하게 되죠.

입사 첫날 봉진 님이 "나중에는 무슨 일을 하고 싶으세요?"라고 물어보셨어요. 그때 저는 "명확하진 않아도 가족 단위로 참여할 수 있는 프로그램을 만들고 싶어요"라고 대답했습니다. 지금은 조직문화 일을 하고 있지만 나중에는 가족문화를 연구하고 싶다는 포부랄까요. 회사에서는 내부 고객인 구성원들이 배민다움을 충분히 경험하게 하고, 그 노하우를 집에 가져와 나름의 가족문화를 만들고자 시도하는 중입니다.

말하자면 피플실의 일과 방향이 우리 조직에만 머물러 있을 게 아니라 좀 더 널리 알려지면 좋겠다는 바람입니다. 우아한형제들 같은 조직문화를 만들려고 하기보다는 각자의 조직문화를 가진 회사가 많이 생기고, 서로 참고해가면서 여러 방향을 시도해볼 수 있으면 좋겠습니다.

사람 돌보는 사람의 셀프케어법

◉ 커뮤니케이션이 너무 어렵습니다. 잘할 수 있는 팁이 있다면 알려주세요.

🅐 저도 커뮤니케이션이 늘 어렵습니다. 팁보다는 일단 배워야 하는 것 같아요. 저도 커뮤니케이션을 좀 더 다채롭게 잘하고 싶어서 코칭 과정을 배우고 있습니다. 공감화법, 역지사지 같은 이야기가 뻔한 것 같지만 대화에 실제로 도움이 됩니다.

스킬도 물론 중요하지만, 그보다는 진심으로 듣는 태도를 만드는 게 중요한 것 같아요. 상대방이 어떤 고민을 가지고 왔는데, 듣다 보면 '뭘 저런 걸 고민이라고 가져오나' 싶을 때가 있죠. 자신의 에고를 바탕으로 그 고민이 단순한지

별로인지 판단해버리는 거죠. 그 순간 대화가 삐걱대는 것 같아요. 누군가 '지금 번아웃이에요'라고 말하면 그 사람이 말하는 번아웃의 의미가 뭔지, 어떤 시점에서 왜 그걸 느꼈는지 파악하려는 마음으로, 진심으로 듣는 게 중요해요. 설령 해결되지 않더라도 진심으로 들어주면 커뮤니케이션을 잘하는 것 아닌가 생각합니다.

◎ 동료와 소통하고 배려하다 보면 자신의 에너지를 쓰게 되는데, 과부하된다고 느낄 때는 없나요? 그럴 때 해결하는 방법이 있다면 알려주세요.

🅐 실무적으로 과부하라는 느낌은 없어요. 정해진 매뉴얼을 따르기보다는 제가 결정해서 할 수 있는 영역이 점점 많아지기 때문인 듯합니다. 생일이나 이벤트 챙기는 걸 좋아하는 성향의 사람이기도 하고요. 다만 웰컴온처럼 손 많이 가고 반복되는 일은 담당자를 1년 안에 교체하려고 해요. 대기업의 순환보직 같은 건 아니고, 그 사람에게 더 하고 싶은지 다른 업무를 하고 싶은지 물어봐요. 담당자의 에너지를 많이 쓰는 일이니까요.

　이와 별개로 사람들 만나는 것 자체가 조금 버거울 때는 있습니다. 누군가와 대화하면 그걸 제 안에서 소화하고 어떻게 다음 경험으로 연결할지 고민할 시간이 필요한데, 계속 만나면 기억도 안 나고 휘발되잖아요. 그럴 때는 그냥 멈춥니다. 점심 약속 부지런히 잡던 것들을 의도적으로 멈추었다가, 이 사람은 지금 만나야 더 의미 있다고 판단되면 다시 자연스럽게 만나고요.

Q 피플실의 리더로서 팀원들을 케어할 때는 어떤 점을 특별히 더 신경쓰시나요.

A 이 점은 늘 고민입니다. 사실 700명 케어하는 것보다 구성원 7명의 팀장을 하는 게 더 힘들었어요. 저희가 하는 조직문화 일은 '뭘 그렇게까지 해요' 싶을 만큼 해야 조금 티가 나요. 우리 팀에는 그런 일을 하는 사람들이 모여 있죠. 이들을 케어해야 하는데 팀장 역할은 처음이어서 어떻게 회의를 진행해야 할지, 어떻게 근무를 더 원활하게 할지, 어떻게 관계를 잘 맺어갈지 경험이 없었던 거죠.

결정적으로는 제가 바깥 챙긴다고 팀 챙기는 걸 약간 뒤로 미뤘던 시행착오도 있었습니다. 한 분에게 입사해서 뭐가 가장 힘들었냐고 물으니, 너무 오고 싶어서 피플실에 지원했는데 막상 와보니 아무도 같이 밥을 안 먹더래요. 우리는 점심 먹는 것도 일이어서 점심 때 다 흩어지거든요. 그래도 인원이 서너 명일 때는 모여서 이야기하면 공감하고 이해하는 게 가능했는데 7명 정도 되니 일일이 붙잡고 이야기하기에는 효율도 떨어지고 커뮤니케이션이 잘 안 되는 것 같았어요.

저도 힘들어서 그때부터 선배 팀장님들을 찾아다니며 물어봤죠. 아이디어를 주시면 우리도 해보자고 적용하기도 하고요. '지금 700명이 중요한 게 아니라 이 7명을 잘 챙겨야 1000명이 되고 1700명이 돼도 뭔가 할 수 있겠다', 그런 생각을 4~5년 차쯤에 했던 것 같아요. 우리 팀원분들에게 좋은 경험을 줘야 한다는 반성도 하고요. '봉진 님이 왜 내게 좋은 경험을 주려고 했을까? 받은 경험을 나눠주라고 한 건데, 그 경험을 나 혼자 받아놓고 팀원들에게 똑같이는 못하더라도 열심히는 줘야 하지 않나'라는 생각이 든 거죠.

이제는 실장이 되어서 팀원들과 접점이 더 없어졌는데, 그럴수록 수시로 챙기지는 못하더라도 밥이라도 특이하게 먹으려고 해요. 예컨대 최근에 입사 6주년 된 분과 식사하면서 제가 메뉴를 두세 가지 제안했어요. '육'즙 가득 탕수육을 먹든가, '육'쌈냉면을 먹든가. 3주년이면 새조개차돌'삼'합을 먹는 식이죠. 그렇게 N주년 식사를 해요. 독립출판으로 책을 낸 분에게는 출간한 지 1년이 되는 날에 책 케이크를 준비해주고요. 기억에 남을 순간에 그 사람을 위해 고민한 경험을 주려고 노력합니다.

일에 대한 거의 모든 질문

김범준 CEO

인터뷰어. 김선미
브랜딩Y팀, 10년 차 마케터

ⓒ 제 커리어를 보니 회사에 다닌 지 벌써 10년이나 됐더라고요. '10년 차쯤 되면 일 좀 한다고 할 수 있지 않을까' 내심 기대했는데, 아직도 왠지 삐걱삐걱대며 일하는 기분이 들 때가 있어요. 저처럼 어느 정도 경력은 있지만 가끔 자신의 실력이 의심스럽거나 자괴감이 들 때, 범준 님은 어떻게 대처하는지 궁금합니다.

Ⓐ 평소에 일을 잘한다는 것의 의미가 무엇인지, 어떻게 하면 일을 잘할 수 있는지에 대해 많이 이야기하는데요. 일은 수학처럼 '내 일하는 실력은 80점이야, 90점이야'라고 고정된 점수를 매길 수 없다고 생각해요. 제 경우에는 어떤 일을 맡을 때마다 항상 그 일이 새롭게 느껴집니다. 대체로 크게 다르지 않은 일을 하는데 어떤 점이 새롭고 다르냐고 할수도 있겠지만, 하는 일은 비슷해도 그 일을 함께하는 사람들이 달라지면 일은 늘 새롭죠. 함께 일하는 사람들이 달라지면 그 일을 잘하는 방법도 달라질 수밖에 없고요.

그러니 '어떤 일을 맡았을 때 아직도 불안하고 스스로 미덥지 못한' 감정은 너무 당연하다고 봐요. 오히려 자신감이 완전하지 않을수록 일을 더 진심으로 대할 수 있고, 그래서 더 일을 잘할 수 있지 않을까 싶습니다.

묻고 답하는 과정에서
일을 배우다

Q 답변을 듣다 보니 범준 님의 신입 시절은 어떠했는지 궁금해지네요.

A 저는 2001년부터 직장생활을 시작했는데 입사 후 한 달 동안은 정말 충격 그 자체였어요. 제가 일이라는 걸 할 줄 모른다고 느낄 정도였죠. 대표라는 역할을 맡기 전에는 CTO를 했고, 그전에는 컴퓨터 프로그램 개발자로 일했거든요.

대학에서는 전산학, 그러니까 컴퓨터를 전공했습니다. 프로그래밍을 할 줄 아니까 취직을 했는데, 회사에 들어가서 제가 일을 못하는 사람이라는 걸 알게 됐어요. 대학에서 배우는 것과 실제 산업현장에서 필요로 하는 건 많이 다르다고들 하잖아요. 제가 딱 그 케이스였죠. 학교에서 푸는 문제는 굉장히 명확하잖아요. '어떤 문제를 푸시오' '계산하시오' '특정 조건을 만족하는 프로그램을 작성하시오' 같은 문제들은 실컷 풀어봤는데, 회사에 들어갔더니 프로그래밍 말고도 해야 할 것들이 굉장히 많은 거예요. 학교에서는 프로그램을 작성해서 조교에게 이메일로 제출하면 끝이었는데, 회사에서는 프로그램을 쓰는 유저나 클라이언트를 고려해서, 클라이언트가 프로그램을 사용할 수 있도록 설치해야 하죠. 그분들이 설치할 수 있도록 패키지를 만들어서 전달해야 하는데, 학생 때까지는 소위 소프트웨어 패키징이라는 걸 한 번도 해본 적이 없었어요.

무엇보다 그때까지는 혼자 일하거나 많아야 서너 명이 프로젝트를 나눠서 했거든요. 수십 명이 함께 일하는 건 전혀 다른 차원이었어요. 내가 일한 부분을 다른 사람과 어떻게 커뮤니케이션할지, 내 결과물을 전체 결과물에 어떻게 반영할지, 전체 결과물이 달라졌을 때 내가 어떻게 따라가야 할지 전혀 모르겠더라고요. '이렇게까지 내가 아무것도 못하는 사람인가' 하고 많이 창피했어요.

매일 마주해야 하는
새로운 혹은 아직 풀리지 않은
문제.

일이란 무엇인가요?
배민쇼핑라이브사업팀 김범진

다행히 당시 다니던 회사에 정말 좋은 선배가 있어서 일을 많이 배울 수 있었어요. 나중에 다른 분들과 일할 때에도, 다른 동료들이 저에게 뭔가를 물어볼 때에도 계속 그 선배 생각이 날 정도로 감사한 분이죠. 그 선배 입장에서는 그때 시간을 투자해서 제가 일을 더 잘하게 된다면 장기적으로 이득이라고 생각했던 것 같아요. 함께 일하는 상대가 부족하면 언젠가 본인한테 그 일이 돌아올 테니까요. 같이 일하는 사람들의 전반적인 업무능력을 높이는 게 굉장히 중요하다는 걸 실감했고, 회사 입장에서도 마찬가지라고 생각합니다.

신입이든 주니어든 시니어든, 본인이 부족한 부분에 대해서는 기꺼이 다른 분들에게 도움을 청하면 좋겠습니다. 제가 신입 시절에 일을 잘하는 척하려고 했다면 일을 배울 기회를 얻지 못했겠죠. 잘 모르는 걸 부담 없이 물어볼 수 있는 거야말로 주니어의 특권이니, 그 시기에 가급적 많이 물어보라고 권하고 싶어요. 사실 연차가 쌓일수록 모르는 것을 물어보기가 더 힘들어져요. 제가 일한 지 이제 20년이 좀 넘었는데 10년 차에도 스스로 부족하다고 느꼈거든요. 그래서인지 경력 10년 차의 분들이 저에게 뭔가를 물어볼 때 '왜 이런 것도 모르지'라고 생각한 적이 한 번도 없어요. 제가 일을 잘하는 사람처럼 보이는 게 중요한 게 아니라, 일을 같이 잘하는 게 중요한 거잖아요. 결국 모르는 걸 용기 내서 물어보면 자기 마음도 더 편해질 테고, 딱 한 번 그렇게 고비를 넘긴다면 나중에 일이 잘 진행되는 걸 보면서 몇 배는 더 행복할 겁니다.

◉ 정말 적절한 시기에 좋은 선배를 만나셨네요. 회사에서는 왠지 모르는 걸 모른다고 솔직하게 털어놓기 어렵잖아요. 범준 님은 그런 상황에 잘 대처하신 것 같고, 이야기를 듣다 보니 저도 그렇게 좋은 선배가 되고 싶어집니다.

혹시 요즘 '갓생 살기'라는 말을 들어보셨어요? 한마디로 '부지런한 삶'인데요. 생산적이고 계획적으로 하루를 알차게 보내는 삶, 자신이 원하는 것을 성취하기 위해 엄청 열심히 사는 인생을 '갓생'이라고 한대요. 저도 올해는 갓생을 한번 살아보려고 했는데, 벌써 1분기가 훌쩍 지나갔더라고요. 열심히 하려다 보니 그만큼 목표는 많아졌는데 시간관리가 어렵습니다. 범준님은 하루를 어떻게 관리하는지 궁금합니다.

Ⓐ 정답이 없는 문제라 제 의견이 도움이 될지는 모르겠지만, 나름의 관점은 있어요. 이 기준은 하루에 대한 것일 수

도 있고 인생에 대한 것일 수도 있겠네요. 저는 어떤 인생이 행복한 삶인지 돌이켜봤을 때, 특정 기준을 충족해야만 좋은 삶이라고 생각하지 않아요. 대신 심플하게 하루하루, 순간순간의 행복이 쌓여서 인생 전체의 행복이 된다고 생각해요.

그래서 하루의 스케줄을 꽉 채우기보다 아침에 일어나서 '오늘 뭐가 재밌을까?' 혹은 일적인 관점에서 '어떤 문제를 해결하면 오늘 하루가 좀 더 보람 있을까?'를 생각하는 편이에요. 즐거움이나 기쁨까지는 아니어도 보람으로 이어지는 일들이 하루에 한 개, 많게는 두세 개까지 있겠죠. 일뿐 아니라 대인관계에서도 마찬가지일 테고요.

많은 분들이 갓생을 이야기하는 이유를 짐작해보면, 요즘은 말 그대로 경쟁사회잖아요. 그러니 다들 엄청 열심히 살아야 하고 뒤처지지 않아야 하고, 나는 다른 사람보다 더욱더 알차게 살아야 한다는 시대적 분위기가 있는 것 같아요. 그런 점에서 제가 복받은 세대인 건 맞지만, 그럼에도 말씀드리자면 '하루하루, 매 시간을 너무 꽉 채워서 살지는 않아도 될 것 같다'고 말하고 싶어요.

물론 제 경험이 정답은 아니겠죠. 다만 지난날을 돌이켜

일에 대한 거의 모든 질문

보면 '하루하루 꽉꽉 채워서 살다 보니 진짜 내 실력이 좋아졌어. 내가 그때는 정말 보람 있게 일했어'보다 '그때 정말 재미있었는데, 그 일 했을 때 진짜 보람 있었는데, 그 팀 사람들이 그립다' 하는 것들이 제 커리어에도 의미 있는 장면으로 남더라고요. 그런 의미에서 여유를 챙기면서 일하시면 좋겠습니다.

본인 시간을 꽉 채우면서 살기보다 나에게 진짜 의미 있는 일을 확실히 잡고 갈 수 있다면, 목표가 조금 미비하더라도 나중에 충분히 의미 있는 시간으로 기억될 테고, 본인에게 오롯이 쌓일 거라 생각합니다.

다양한 형태의 작은 성공을 하며
세상을 살아갈 수 있는
마음의 근육을 키우는 과정.

일이란 무엇인가요?
브랜딩X팀 위한솔

◎ 내가 어떤 지점에서 행복한지 알고 그에 집중할 필요가 있겠네요. 이건 조금 다른 이야기인데요. 재택이 길어져서 그런지 일하다 보면 집에서 혼자 뭐 하는 건지 싶고, 비슷한 일상이나 지루함을 벗어나서 새로운 자극을 찾게 되더라고요. 갑자기 바깥에 나가서 자연을 누리거나 힙한 카페를 찾아가서 영감을 얻기도 하죠. 범준 님은 평소에 인사이트나 영감을 어떻게 얻으시나요?

Ⓐ 마케팅, 브랜딩 업무를 하는 분들은 새로 생긴 카페나 다양한 문화적인 자극을 통해 영감을 많이 얻을 것 같아요. 제가 비슷한 일을 하는 건 아니지만 그 의견에는 굉장히 공감해요. 장소가 사람에게 미치는 영향은 정말 크고, 늘 있는 곳이 아닌 새로운 곳에서 새로운 경험을 하는 것 자체는 분명 다르게 생각하는 데 도움이 된다고 믿습니다. 다만 일 자체에 초점을 맞춰서 어디서 영감을 받느냐는 질문에 답해보면, 저는 사실 옆에 있는 분들에게서 영감을 받아요. 보통 대가들의 이야기나 책을 읽으면서 영감을 얻는다는데, 저는 과연 그 영감의 맥락(컨텍스트)이 같은지 의문이 들더라고요.

가령 IT업계에서 전 세계적으로 유명한 회사들을 보면 구글, 애플, 아마존 등이 있죠. 그 회사의 제도나 개발방법론을 지금 내가 있는 조직에 적용할 수 있을지, 과연 효과가 있을지 생각하게 되는 거죠. 우리와 맥락이 다르니까요. 저는 모든 맥락에서 작동하는 하나의 황금 원칙 같은 건 없다고 봐요. 막상 적용해보면 굉장히 많은 것들이 다르거든요.

제 경우 오히려 같이 일하는 분들, 그리고 팀장일 때에는 함께 일하는 팀원들로부터 영향을 받았어요. 이를테면 'A 팀원은 정리를 굉장히 잘하는구나' 느끼기도 하고, 제가 개발자였을 때는 프로그램 코딩 스타일이 독특한 분들을 보기도 했죠. 그런 분들이 일을 전개해가는 방식이 어떤지, 그에 따라 나타나는 특징이 무엇인지를 보면 그 사람이 왜 그 일을 하는지 알겠더라고요. 그렇게 배우기도 하고요.

팀장이었을 때는 옆의 팀을 보기도 했어요. 팀마다 저마다의 문화가 있으니까요. 예전에 본 어떤 팀은 팀원들끼리 모여서 오늘 내가 무슨 일을 중점적으로 할지 아주 짧게 공유하더라고요. 팀원이 10명이면 10~15분, 한 사람이 1분씩 얼굴을 맞대고 공유하는 거예요. 요즘은 이런 스크럼 데일리 미팅이 많이 표준화되었지만 2002년경에는 굉장히 신선했거든요.

돌아보면 윗사람에게 배우기도 했지만, 저와 비슷한 고민을 하고 있는 분들에게서 더 많이 배운 것 같아요. 팀장

일에 대한 거의 모든 질문

일 때는 다른 팀장들, 혹은 저와 가장 많은 컨텍스트를 공유하는 같은 팀의 팀원들이죠. 팀원들에게 정말 많이 물어봤어요. "이거 왜 이렇게 했어요?" "이렇게 해서 어떤 점이 좋아요?" "난 이렇게 하는데 어떤 차이가 있는 것 같아요?" 이런 과정을 거치면서 정말 많이 배웠습니다. 진심으로 고마움을 표현하고 저도 변하는 모습을 보여주니 그분들도 정말 좋아하더라고요. 더 도와주기도 하고요.

일을 잘하는 영감은 저 먼 곳의 파랑새 같은 존재가 아니라, 가까이 있는 게 아닐까요. 옆에서 비슷한 고민을 하는 사람들을 가만히 지켜보면 많이 배울 수 있는 것처럼요.

일의 맥락을 이해하는 것이
일의 시작이자 끝이다

ⓒ 갑자기 저희 팀원들의 얼굴이 스쳐 지나가면서 보고 싶네요. 저 역시 생각해보니 주변의 동료들이 지나가면서 해준 이야기가 팁이 되고, 그들의 응원이 일하는 에너지가 된 것 같아요. 범준 님이 꼽는 좋은 동료는 어떤 모습인가요?

Ⓐ 저와 잘 맞는 동료라기보다 '이런 분들은 누구나 좋아하지 않을까?'라고 느낀 분들이 있었어요. 크게 두 가지 유형인데요. 일의 맥락을 정말 잘 공유해주는 사람, 그리고 일의 맥락을 이해하려고 노력하는 사람이에요. 가령 우리가 A라는 일을 하는데, 제가 상대방에게 "A라는 업체의 사업현황에 대해 조사해주세요"라고 이야기했다 쳐요. 그러면 제 날짜에 맞춰서 굉장히 높은 퀄리티로 딱 조사결과를 전달해

일에 대한 거의 모든 질문

주는 분들이 있어요. 훌륭하죠. 그런데 이때 "이 일의 결과물을 어떤 자리에서 어떤 목적으로 활용하면 좋을까요?"라고 물어보는 분들이 있어요. 일의 결과물을 보는 상대가 누구인지, 청중을 염두에 두는 거죠. 보고자료를 작성할 때도 팀장과 실장과 대표이사가 보는 자료가 다를 수 있거든요. 대답해주면 그걸 스스로 고민해서 해와요.

다른 예를 들면 저희가 서비스를 개발하는 회사다 보니 새로운 기능의 서비스를 오픈할 때가 있잖아요. 신기능을 잘 만든 것도 충분히 훌륭하지만, 제 기억에 남는 분은 누가 묻지 않아도 출근하자마자 전날의 실적을 관련 있는 사람들에게 공유해주는 분이에요. 당연히 서비스가 오픈된 첫날의 실적이 궁금할 거잖아요. '지금 이 일과 관련해서 사람들이 어떤 것들을 궁금해하겠구나' 혹은 '다음 단계에서 어떤 일이 또 필요하겠구나' 판단하고 요청하지 않아도 먼저 하는 거죠. 저는 전체적인 맥락을 잘 이해하려고 노력하는 분이 일을 진짜 잘한다고 생각합니다.

반대의 경우도 마찬가지죠. 어떤 팀장님이 있었는데 팀원분들에게 일을 줄 때 정말 설명을 잘하세요. "우리가 지금부터 A라는 일을 해야 하는데, 사실은 B나 C를 할 수도 있었어. 하지만 다른 사람들과 이야기해봤더니 이런 목적이 있어서 우리는 A를 하기로 했어"라는 식이죠. 회사가 커지면 매출도 의식해야 하고 보안이나 규제와 관련된 이슈들도 무시할 수 없잖아요. 일을 보는 관점에 따라 결정이 달라질 수도 있고요. 어떤 이유로 그런 결정을 했는지 차분하게 공유해주는 거예요.

신기한 건 그렇게 일하는 팀에서는 사고가 거의 안 나요. 큰 사고 말고 작은 사고도 잘 안 나요. 작은 사고라는 게 알고 보면 커뮤니케이션 미스잖아요. 일하다 보면 조직끼리 좀 아웅다웅할 때가 있죠. '이거 이렇게 하면 어떡하냐, 이것 때문에 우리 팀 야근하게 생겼다' 하는 일들이요. 그런데 그 팀장님은 일을 결정한 이유와 맥락을 잘 전달하니 그 팀과 일할 때는 아웅다웅할 일도 없는 거죠.

결국 맥락을 전달하는 게 중요한데요. 사람마다 컨텍스트가 다르잖아요. 그런데 우리는 일을 잘하고 싶고, 그러려면 내가 하는 일에 다른 사람을 잘 동참시켜야 하죠. 이럴 경우 99%는 프로젝트를 시작할 때 유관부서를 모두 모아놓고 담당자가 이렇게 설명해요. "A부서에서는 이걸 해주셔야 하고 B부서에서는 이걸 해주셔야 합니다"라고요. 그리고 "다 이해하셨죠. 저희 정말 열심히 잘해보겠습니다. 파이

일에 대한 거의 모든 질문

팅!" 하고 끝나요. 물론 이것만 잘해도 일은 잘 돌아갑니다. 그런데 아까 그 팀장님은 그 모임을 하기 전에 일대일로 부서장들을 다 만나서 이야기를 나눠요. 모순되는 이야기나 거짓말을 하는 게 아니라, 그 부서에서 우려하는 부분이나 강조되었으면 하는 부분들에 대해 미리 커뮤니케이션하는 거죠.

왜냐하면 각자가 알고 있는 배경지식이나 관점이 다르면 똑같은 설명을 해도 다른 의미로 전달될 수 있거든요. 여러 부서가 모인 자리에서는 자신의 입장에 대해 충분히 말을 못 할 수도 있고, 그러다 실제 프로젝트에서 문제가 터지는 경우도 있죠. 그런데 그 팀장님은 미리 만나서 우려되는 점이나 강조하고 싶은 점을 다 조율한 다음 정리한 내용을 바탕으로 모이는 거예요. 분명 업무적으로는 프로젝트를 설명하는 자리지만 사실은 이미 정리된 생각, 결정된 사항을 공유하는 자리인 거죠. 그래서 이분은 프로젝트의 '착수 보고'를 일이 끝났을 때 하는 보고라고 생각하며 일한다고 했어요. 이분이 해준 이야기 중에서 가장 기억에 남는 내용이에요. 그렇게 생각하고 해야 진짜 프로젝트가 잘 끝난다는 거예요.

가만히 보면 이분은 10명짜리 팀의 팀장인데, 실제 본인이 가용하는 전체 인원의 파워로 보자면 20명, 30명의 팀장이 되는 거죠. 다른 팀들을 자기 편으로 잘 만들다 보니 그 팀에 맡긴 일이 잘되는 걸 여러 번 볼 수밖에 없고, 그러다 보면 그분을 높게 평가하고 더 중요한 임무를 맡기고 도전과제를 해결하는 과정에서 조직도 자연스럽게 성장하죠.

개인적으로 굉장히 기억에 남는 케이스다 보니 이야기가 길어졌지만, 결국 일 잘하는 분들은 다른 사람과 일의 맥락을 어떻게 공유하고 어떤 식으로 풀어나가는지를 잘 아는 분들이라고 생각합니다.

◎ 착수 보고라면 보통 일의 시작으로 보는데, 그걸 끝이라고 생각한다는 발상 자체가 신선하네요. 팀장 이야기가 나왔으니 말인데, 제가 올해 처음으로 팀장이라는 직책을 맡았어요. 딱 3개월이 지났고 저희 팀도 우당탕탕 굴러가고 있는데요. 제 입장에서는 팀원들이 재미있게 일하면서 성취감도 느끼면 좋겠거든요. 우리는 이미 충분히 잘하고 있다고 응원하고 싶지만 당연히 성과도 잘 나와야 하죠. 저의 욕심인지 몰라도 성과도 좋고 팀워크도 좋은 건강한 조직을 만들려면 어떻게 해야 할까요?

Ⓐ 질문을 듣자마자 머릿속에 스쳐 지나가는 생각이 있는

일에 대한 거의 모든 질문

데요. 너무 대표이사 관점에서 말하는 게 아니냐고 할 수 있지만, 그래도 제 생각을 솔직하게 말씀드릴게요. 저는 그런 때일수록 정말 일에 집중해야 한다고 생각해요.

예전에 저와 함께 일했던 팀장님이 있었는데 그분이 팀장을 맡은 지 얼마 안 되어서 면담을 요청해오셨어요. 이런저런 이야기를 나누는데 그분은 정말 좋은 팀장이 되고 싶은 거예요. 그 진심이 저에게도 고스란히 느껴질 만큼요. 심지어 좋은 팀장이 되는 법을 다룬 책 10권을 사서 열심히 읽으시더라고요. 제가 그분에게 한 조언은 책 읽는 것 자체가 잘못된 건 아니지만 우선순위를 생각해보라는 거였어요. 우리는 결국 현실에서 살고 있거든요. 내가 행복하려면 현실이 행복해야 돼요. 그리고 회사에서 나의 현실은 지금 내가 맞닥뜨리는 일이죠. 일의 성과가 안 나오는데 구성원들의 좋은 분위기가 1년 이상 가는 경우는 한 번도 못 본 것 같아요. 그런 분위기가 한 달 정도는 갈 수 있겠죠. 특히 초창기에는 성과가 안 나오니 일이 잘되는지 안 되는지 자체를 모르잖아요.

사람은 누구나 개인의 행복이 우선이고 그다음이 관계에서의 행복이에요. 개인이 행복하려면 각자 내가 하는 일이 의미 있다고 느껴야 합니다. 내가 지구를 구할 거라는 거창한 사회적 의미까지는 아니어도, 나의 일이 이런 의미가 있구나 혹은 1년 전, 3년 전과 비교했을 때 내가 처리할 수 있는 일의 영향력이나 역량이 커졌다고 느껴야죠.

제가 그 팀장님에게 드린 조언은 '지금 팀이 하는 업무를 잘 파악하고, 각자의 업무에서 더 좋아질 수 있는지를 파악하는 게 먼저다', 그리고 그렇게 판단한 이유를 팀원들과 함께 이야기해보라는 거였어요. 중요한 건 팀원들의 동의죠. 팀장은 그 업무가 좋아지면 좋겠지만 팀원들의 생각이 다를 수도 있으니까요. 그 업무를 맡은 누군가는 재미없다고 느낄 수도 있고요. 그런데 대화하는 과정을 통해 이 일이 정말 중요하다고 생각하게 될 수 있죠. 그러면 '당신이 해줘'라는 팀장의 말이 팀원 개인에게 의미를 가지게 되죠. 물론 이게 너무 과해지면 자기한테만 일이 온다고 생각할 수도 있으니 밸런스가 필요하겠지만, 기본적으로 그런 대화를 나눠야죠. 누구나 자기가 하는 일이 의미 있기를 원하니 개개인에게 일의 의미를 찾아주는 것이 우선 아닐까요.

업무로 팀원들을 지나치게 압박하고 싶어 하는 팀장은 없을 거라 생각해요. 그러려면 각자 맡은 일의 의미를 잘 전

일에 대한 거의 모든 질문

달하고, 그 일이 어떤 상태이고 어떤 점을 개선해야 하는지 명확하게 알려줘야죠. '좋은 팀장'이 되는 방법론 같은 건 일 단 내려놓고, 지금 맡은 그 업무를 진짜 깊이 파서 이 업무 의 문제가 무엇이고 어떤 걸 개선하면 좋은지를 먼저 보라 고 권하고 싶어요. 이것만 확실히 정리되면 정말 많은 문제 들이 해결될 겁니다. 어쨌거나 우리는 일을 하기 위해 회사 에서 만났잖아요. 분위기 좋고 보람 있고 행복하게 지내는 팀이 되려면, 일에 대한 문제를 풀어주는 것이 좋은 팀장의 가장 중요한 덕목이 아닐까 생각합니다.

잘하려는 것보다
일단 해보는 마음가짐을 갖고
실천하는 것.

일을 잘한다는 것은 무엇인가요?
CS만족팀 김연아

Ⓠ 제게 큰 도움이 되는 명확한 답변입니다. 그런데 일에 집중하는 한편 날씨가 화창한 날에는 밖에 나가고 싶은 마음도 들더라고요. 범준 님도 그런 날에는 일하기 싫거나 다 관두고 나가고 싶을 때가 있으신가요? 그럴 땐 어떻게 하시는지 궁금합니다.

Ⓐ 당연히 있죠. 아까 제가 말씀드린 것처럼 저는 이 순간이 행복하다고 느끼는 게 정말 중요하거든요. 물론 회사마다 출퇴근 시간에 대한 운영방침은 다르겠지만 요즘 우리 회사는 재택근무를 기본으로 하다 보니 집에서 일할 때도 많고, 점심시간 같은 경우는 온전히 제가 쓸 수 있더라고요. 저는 언젠가의 행복을 위해 지금의 고통을 감내해야 한다고 생각하진 않아요. 물론 힘든 게 나쁜 건 아니죠. 하지만 힘든 것과 불쾌한 건 다르거든요. '언젠가는 행복해질 테니 이 불쾌함을 내가 계속 감당하고 이겨내야 하나?' '부자가 되면 좋으니 지금 내가 느낄 수 있는 행복을 포기하거나 줄여야 하나?' 그렇게 생각하진 않는 거죠.

그래서 저도 나가고 싶을 땐 점심을 먹는 대신 한 시간 정도 산책하기도 해요. 점심을 한 끼 걸렀을 때 배고파서 느끼는 불쾌함과 내가 지금 꽃도 구경하고 바람도 쐬고 싶은데 하지 못해서 느끼는 괴로움 중에서 어느 쪽이 더 큰지 생각하는 거죠. 점심시간에 산책하고, 그 대신 빵이나 샌드위치를 사서 일하면서 먹을 수도 있잖아요. 내가 행복해질 수 있는 게 눈앞에 보이면 그렇게 하시면 좋겠어요. 그것 때문에 무언가를 보충해야 하면, 그렇게 하면 되죠. 벚꽃을 보고 싶으면 점심시간에 나가라니 아까보다 더 대표이사 같은 답변인데, 행복한 순간을 놓치지 않으면서 일하면 좋겠다고 단순하게 정리할 수 있겠네요.

Ⓠ 지금부터는 컨퍼런스 전에 받은 질문들을 해보겠습니다. 개인의 성장이 중요하다고 하는데 조직에서는 반복적인 업무가 생길 수밖에 없잖아요. 이럴 때 조직은 어떻게 해야 개인의 성장을 도울 수 있을까요?

Ⓐ 제가 재작년에 전체 구성원들에게 메일을 보낸 적이 있는데, 그 메일 제목이 '비효율의 숙달화'였어요. 바퀴를 예로 들면 둥근 바퀴는 잘 굴러가지만 네모난 바퀴는 그렇지 않잖아요. 당연히 많은 조직에서 둥근 바퀴를 갖고 싶어 하지만 그러려면 연장도 필요하고 네모난 바퀴를 둥근 형태로 깎는 데 시간이 걸리죠. 그래도 둥근 바퀴를 만들면 좋은데, 우린 바쁘다는 이유로 네모난 돌을 굴리고 다시 굴리고 다시 굴리곤 해요.

물론 현실에서 반복적인 업무가 제로인 조직은 없을 거예요. 좋은 팀장, 실장 혹은 대표라면 이러한 부분을 항상 눈여겨봐야죠. 우리 조직에서 일어나는 비효율의 숙달화가 있는지, 누군가가 그 일에 계속 매몰되어 있는지를 봐야 해요. 당연히 그런 업무를 하는 개인은 보람을 덜 느낄 테고 힘들 테니까요.

자동차 경주 F1 레이싱을 보면 경주차들이 달리다가 중간에 딱 한 번 정비를 위해서 피트 스톱Pit Stop에 들어가거든요. 우리 우아한형제들도 마찬가지로 1년에 딱 한 번 2주 정도는 새로운 일을 하지 않고 지난 1년을 돌아보는 시간을 가져요. 뭔가 열심히는 했는데 비효율적인 일들이 있지 않았나 정리해보고, 그렇게 효율이 안 나오는 업무들을 2주 동안 온전히 둥근 바퀴로 만들어보자는 제도를 3년 전부터 운영 중입니다. 질문해주신 분의 조직에도 이런 제도를 도입해보면 어떨까 싶습니다.

ⓠ 배달의민족의 최종 목표가 무엇인지 궁금하다는 질문도 나왔어요.

ⓐ 지금은 '우아DH아시아'의 리더로 일하는 봉진 님이 예전에 이런 이야기를 해주신 적이 있어요. '모든 회사의 결말은

정해져 있다. 그러니까 100년, 200년을 가느냐 10년을 가느냐의 문제일 뿐 결국 모든 회사는 망한다'는 거예요. 그런데 망하는 게 최종 목표일 리는 없잖아요.

봉진 님 이야기를 정리해보면 "사실 배달 앱이라는 서비스나 사업은 우아한형제들이 아니어도 다른 회사들도 이미 하고 있죠. 저희가 조금 먼저 하긴 했지만 저희가 아니었어도 이런 서비스는 생겼을 거예요. 대신 이런 회사가 있었고, 그 회사만의 분위기가 있었고, 그 회사가 했던 시도들이 다 좋은 건 아니어도 어떤 의미는 있었다고 기억된다면, 배달의민족을 창업한 보람이 있을 것 같아요"라고 하더라고요. 그 뜻을 제가 대신 전달하면 될 것 같습니다.

함께 일하고 싶은
사람으로 남는 것

Ⓠ 범준 님은 지금 CEO를 맡고 계시잖아요. 대표이사라면 뭔가 커리어의 정점을 찍은 느낌인데, 혹시 범준 님도 진로 고민을 하는지 궁금하다는 질문도 있었습니다.

Ⓐ 그럼요, 당연히 고민합니다. 메타(페이스북)의 COO로 잘 알려진 셰릴 샌드버그가 커리어에 대해 이야기한 내용이 기억나는데요. 사람들이 커리어에 대해 흔히 오해하는 것 중 하나가 커리어를 위로 올라가는 사다리라고 생각한다는 거예요. 가령 팀장, 실장, 본부장으로 승진하는 것처럼요. 커리어가 사다리라면 커리어는 올라가거나 내려가거나 혹은 올라가지도 내려가지도 않거나, 사다리가 완전히 끊어져서 없어지거나, 내가 그냥 사다리에서 내려오거나 하는 거겠죠.

이게 무슨 일이야!

그런데 사실은 전체적인 수명도 길어지고 우리가 사는 모습이 바뀌었잖아요. 우리가 커리어를 바라보는 관점도 바뀌어야죠.

셰릴 샌드버그는 커리어를 사다리가 아닌 정글짐에 비유해요. 사다리의 목적이 올라가는 거라면, 정글짐은 우리가 재미있게 놀 수 있는 곳이잖아요. 정글짐에서 우리가 친구들과 놀던 기억들을 떠올려보면 옆으로 가거나 친구들과 술래잡기도 했고, 깊숙한 쪽으로 누가 먼저 이동하느냐 내기도 했죠. 승진을 못해도 괜찮다는 게 아니라, 정글짐이라는 관점으로 보면 일이 바뀌는 거예요.

실제 우리가 일에 대한 이야기를 하고 있지만, 나중에 돌이켜보면 우리의 직업도 굉장히 다양해질 것 같아요. 60년 동안 한 가지 일만 하는 게 당연할까요. 그보다는 60년 동안 여러 직업을 경험하는 게 더 자연스럽지 않을까요. 일의 역할도 달라질 수 있겠죠. 지금은 제가 대표지만 다시 CTO를 할 수도 있고요. 회사가 아닌 전혀 다른 트랙에서 일을 해볼 수도 있겠죠. 무슨 일을 하든 나만이 줄 수 있는 가치가 조금이라도 있어야 일하는 보람이 있을 거잖아요. 지금 대표로 일하면서도 또 그런 일들은 무엇이 있을지, 다음엔 정글짐에서 어떤 놀이를 즐길지 진로 고민을 하고 있습니다.

ⓠ 마지막으로 범준 님의 꿈에 대해서도 듣고 싶습니다.

Ⓐ 오늘은 일을 주제로 모인 자리니까, 그와 관련된 꿈에 대해 이야기할게요. 제가 같이 일했던 분 중에 굉장히 멋진 이야기를 들려주신 분이 있어요. 그분은 저 멀리 있는 사람, 나를 모르는 1000명이 자기를 엄청 존경하고 좋아하는 것보다 함께 일했던 10명에게서 당신처럼 일하고 싶다는 이야기를 듣는 것, 그런 사람이 되는 게 목표라고 하더라고요. 지금도 그 말이 굉장히 기억에 남아요. 1000명, 1만 명, 10만 명이 저를 알아주고 대단하다고 하는 것보다 함께 일했던 분들 중에서 10명, 욕심을 좀 내보면 100명이 저와 함께 일해서 좋았고 언젠가 기회가 된다면 또 같이 일하고 싶다고 말해준다면 정말 기쁠 것 같아요. 그게 일하는 사람으로서 들을 수 있는 최고의 찬사이자 보람이자 목표로 삼을 만한 멋진 꿈 아닐까요.

삶의 원동력.
적당한 수준의 일은
나를 살아 숨 쉬게 하는
원동력이다.

일이란 무엇인가요?
배민셀프서비스팀 이동규

일할 때
영감을 준 책

우아한형제들 구성원

규칙 없음

넷플릭스, 지구상 가장 빠르고 유연한 기업의 비밀

리드 헤이스팅스, 에린 마이어 지음, 이경남 옮김

알에이치코리아

일하다 보면 내가 일하는 과정이나 방식이

나와 회사에 도움이 되는지 고민될 때가 있습니다.

그때마다 이 책에서 말하는 넷플릭스의 시행착오와

결과물들이 고민을 해결하는 데 큰 도움이 되었어요.

일하는 방식이 고민될 때마다 이 책을 열어서

밑줄 친 문장들을 여러 번 보면서 되새깁니다.

우리 모두 일하면서 성장하는 멋진 사회인이 되길 바라며!

콘텐츠와디자인팀 권효진

두려움 없는 조직

심리적 안정감은 어떻게
조직의 학습, 혁신, 성장을 일으키는가
에이미 에드먼슨 지음, 최윤영 옮김
다산북스

좋은 구성원, 좋은 리더가 되고 싶은

우리 모두에게 추천합니다.

실패를 두려워하지 않는 조직, 함께 성장하는 조직

같이 만들어나가요!

만화경셀 **구지민**

일할 때 영감을 준 책

다정한 것이 살아남는다

친화력으로 세상을 바꾸는 인류의 진화에 관하여
브라이언 헤어, 버네사 우즈 지음, 이민아 옮김
디플롯

인류사회학 관점에서

왜 우리는 타인과 접촉하며 살아야 하는지

조망하는 책입니다.

이 책은 우리가 일하면서 갇히고 놓치는 것들에 대해

생각해보게 합니다.

관점의 변화를 만들어주고, 환기를 돕는 책이라 추천합니다.

배민사장님광장팀 **안철균**

이게 무슨 일이야!

달과 6펜스

서머싯 몸 지음, 송무 옮김
민음사

'나는 이 일이 재미있나?' '내가 하고픈 일이 맞나?'
이런 고민이 들 때 보통 돈이나 가족, 주변의 시선 등
현실적인 것을 먼저 떠올리죠. 그러다 보면 새로운 도전을
망설이고요. 그럴 때 이 책의 찰스라는 인물을 만나보세요!
자신의 열망에 솔직한 찰스의 삶을 따라가다 보면
마음에 뭔가 뜨거운 것이 차오릅니다.
책을 다 읽고 나면 나만의 '타히티'는 어딜지 궁금해지는데
요. 그 순간이 이 소설의 진짜 마지막 장이 아닐까 싶어요.
괴짜 같은 찰스의 삶, 같이 만나보실래요?

브랜딩Y팀 **김선미**

일할 때 영감을 준 책

더 좋은 곳으로 가자

능력에 요령을 더하면 멋지게 갈 수 있다

정문정 지음

문학동네

"'일'과 '나' 사이에 어떤 관계를 세워야 할까"

고민하던 순간에 힘이 되어준 책입니다.

지금보다 더 행복하게

일하고픈 분들에게

이 책이 도움이 되었으면 좋겠어요!

배짱이팀 **박준하**

분노의 이유

부당한 세계에서 나를 지키는 본능적 힘

라이언 마틴 지음, 이재경 옮김

반니

말도 안 되는 헛소리에 '화'가 나셨나요?

화가 나는 건 잘못된 게 아니에요.

단지, 화를 다루는 것이 어려울 뿐이죠.

왜 화가 나는지, 어떻게 활용하면 좋을지

도움이 필요할 때 읽어보세요.

현명한(?) 분노자가 되기를 응원합니다.

서빙로봇사업실 **박대형**

빅 포텐셜

잠재력의 한계를 깨는 최강의 관계 수업

숀 아처 지음, 박세연 옮김

청림출판

'잠재력의 한계를 깨는 최강의 관계 수업'이라는 부제처럼

일하면서 어떻게 관계를 맺어야 할지 알려주는 책이에요.

함께 일하는 동료들과 경쟁하는 것보다 동료를 돕는 것이

나의 성장에 더 도움을 줄 수 있다는 사실을

깨닫게 해준 책이라 추천합니다.

항상 어렵게 느껴지는 인간관계에 대해

조금이라도 힌트를 얻어갈 수 있길 바랍니다.

배짱이팀 **김하니**

이게 무슨 일이야!

상자 밖에 있는 사람

진정한 소통과 협력을 위한 솔루션
아빈저연구소 지음, 서상태 옮김
위즈덤아카데미

《상자 밖에 있는 사람》은 제게 효과적인 커뮤니케이션이
무엇인지 절절하게 깨닫게 해준 책입니다.
같은 표현을 하더라도 마음가짐에 따라
상대방이 받아들이는 결과가 천지 차이라는 것을
알려주는데, 사람이 타인을 대하는 두 가지 방식을
'상자 안에 있다' '상자 밖에 있다'로 비유하면서 설명합니다.
동료들을 조직의 톱니바퀴가 아니라 사람으로서 대하는지,
사람으로 대한다는 것이 무엇인지 이 책을 통해 많이
배웠습니다. 안심하고 일하는 문화를 같이 만들어가요!

만화경개발파트 **김명재**

일할 때 영감을 준 책

스타트 위드 와이

나는 왜 이 일을 하는가

사이먼 시넥 지음, 윤혜리 옮김
세계사

이 책은 "사람들은 내가 '무엇을 어떻게' 하는지보다
'왜' 이 일을 하는지를 보고 선택한다"고 말합니다.
자신의 '왜(신념)'를 따르다 보면
자연스레 다른 사람들이 당신을 따르게 될 것입니다.

주문접수채널서비스팀 **김현수**

이게 무슨 일이야!

아홉 살 마음 사전

박성우 지음, 김효은 그림
창비

아홉 살 아이의 표현을 통해
익숙한 말들을 곱씹고
잊었던 마음을 꺼내보며
감정 소통에 도움을 받은 책이에요.
글 쓸 때도 좋은 영감을 준답니다.
당연한 표정과 감정으로
살아가는 분들께 추천드려요!
몽글몽글해지는 마음은 덤입니다.

콘텐츠와디자인팀 **김은진**

일할 때 영감을 준 책

어떻게
원하는 것을 얻는가

20년 연속 와튼스쿨 최고 인기 강의

스튜어트 다이아몬드 지음, 김태훈 옮김
8.0

수많은 협상의 과정에서

늘 원하는 결과와 함께할 수 있는 책입니다.

경인영업팀 **이경석**

이게 무슨 일이야!

일 잘하는 사람은 단순하게 합니다

박소연 지음
더퀘스트

'일 잘하는 선배가 내 옆에 딱 붙어서 일 좀 알려줬으면…'

'일을 정말 잘하고 싶다…'

이런 생각을 해보셨다면!

바로 이 책이에요!

곁에 두고 일잘러 필살기를 활용하며

내 능력을 대방출할 수 있는 멘토 같은 책!

최강 일잘러가 되고 싶은 분들에게 추천합니다.

컬처커뮤니케이션팀 **조영은**

일할 때 영감을 준 책

일은 배신하지 않는다

고졸 PC방 알바가 포트폴리오 하나로 구글의
입사 제안을 받기까지, 그 후의 이야기

김종민 지음
아이스크림미디어

일을 단순히 소득을 얻기 위한 수단이 아니라

자아를 실현하는 수단이라 생각하는

저자의 삶에서 많은 인사이트를 얻었기에

추천하고 싶습니다.

물류시스템개발팀 **조윤호**

이게 무슨 일이야!

일의 격

성장하는 나, 성공하는 조직, 성숙한 삶

신수정 지음

턴어라운드

일에 대한 고민이 있으시다면

이 책의 아무 페이지나 펼쳐서

마음에 드는 글을 읽어보세요.

성숙, 성장, 성공에 대한

인생선배님의 깊고 다양한

조언을 들어볼 수 있어요.

가까이에 두고 가끔 자극이 필요할 때

꺼내보세요.

브랜딩X팀 **위한솔**

일의 기쁨과 슬픔

장류진 지음
창비

회사생활의 희로애락이 담긴

따뜻한 분위기의 단편소설집이에요.

편하게 읽히는, 공감 가는 이야기들로부터

응원받는 기분이 들었습니다.

도움이 되시길!

웹프론트개발그룹 **박찬희**

이게 무슨 일이야!

일터의 문장들

업의 최고들이 전하는 현장의 인사이트

김지수 지음

해냄

조금 더 일 잘하고픈 마음이 들 때

일의 태도를 돌아보고플 때

펼쳐보세요.

이 책을 읽을 때마다

마음속에 들어오는

일터의 문장들이 달랐어요.

오늘 저의 마음을 울리는,

일터의 문장은 무엇일지 궁금하네요!

컬처커뮤니케이션팀 **나하나**

일할 때 영감을 준 책

자기 인생의 철학자들

김지수 인터뷰집:
평균 나이 72세, 우리가 좋아하는 어른들의 말
김지수 지음
어떤책

이 책에서 만난 좋은 어른들의 인생경험을 통해

내가 겪고 있는 많은 어려움들이

잠시 지나가는 과정이라고 위로할 수 있었어요.

불안해하지 말고,

나의 모든 시간을 사랑하길!

멀리서 응원하겠습니다.

파이팅!

기업브랜딩팀 최경진

이게 무슨 일이야!

지적자본론

모든 사람이 디자이너가 되는 미래
마스다 무네아키 지음, 이정환 옮김
민음사

생각이 막힐 때마다 도움을 청하는 마음으로

꺼내 읽는 책입니다.

책 속의 문장은 그대로지만

읽는 시점의 고민과 상황에 맞춰

늘 새로운 방향을 안내받는 기분이에요.

제게 그랬듯이 여러분에게도

좋은 길라잡이가 되길 빕니다.

배짱이팀 **김상민**

일할 때 영감을 준 책

직업으로서의 소설가

무라카미 하루키 지음, 양윤옥 옮김
현대문학

앞으로 수십 년간 일을 해야 한다고 생각하면
정말 까마득하게 느껴지기도 하죠.
40년이 넘는 시간 동안 매일 꾸준히 글을 써온
무라카미 하루키의 《직업으로서의 소설가》를 읽고,
오랜 시간 지치지 않고 일을 하기 위해
어떤 태도를 가져야 할지 조금은 배울 수 있었습니다.
일이라는 기나긴 여정이 막막하게 느껴질 때,
한 챕터씩 읽어보시길 추천합니다.

배민사업팀 **강애솔**

이게 무슨 일이야!

직장인에서 직업인으로

직장을 넘어 인생에서 성공하기로 결심한 당신에게

김호 지음
김영사

회사 일이 내 맘 같지 않을 때가 있어요.

이럴 때 분명한 목적설정을 도와주는 책입니다.

우리의 꿈은 직장을 오래오래 다니는 것보다는

좋아하는 것을 잘하고 성취하고 성장하여

멋진 사람이 되는 것이니까요.

경쟁보다는 성취를, 승진보다는 성장을 꿈꾸며

일의 이유와 방법, 목적을 생각해야 합니다.

이 책은 알찬 '직업인'으로서의 방향을 제시해요.

고민이 많을 때 열어보시길!

콘텐츠와디자인팀 **조슬예**

일할 때 영감을 준 책

철학은 어떻게
삶의 무기가 되는가

불확실한 삶을 돌파하는 50가지 생각 도구

야마구치 슈 지음, 김윤경 옮김
다산초당

일상과 업무 속에서

어려운 감정과 상황을 만났을 때

유연하게 이겨낼 수 있는 힌트를

철학에서 발견하는 책입니다.

'철학'이라 어려울 것 같지만

매우 쉽고 재미있게 읽을 수 있어요!

브랜딩X팀 **심광남**

이게 무슨 일이야!

크래프톤 웨이

배틀그라운드 신화를 만든 10년의 도전
이기문 지음
김영사

회사에 비전이 왜, 얼마나 중요한지
인재와 노동자의 차이는 무엇인지 등
IT업계에서 일하면서
영감을 받을 수 있는 유익한 내용이
실제 사례를 토대로 잘 나와 있어요.
도움이 되었으면 좋겠습니다.

전국별미팀 **김의중**

일할 때 영감을 준 책

평일도 인생이니까

주말만 기다리지 않는 삶을 위해
김신지 지음
알에이치코리아

워라밸. 일과 삶의 균형, 잘 지키고 계신가요?

워라밸을 이야기하다 보면

일과 삶을 지나치게 구분하게 되지 않나요?

사실 일은 삶의 한 부분인데 말이죠!

이 책을 읽다 보면, 일을 포함한 내 인생을

따뜻하게 바라보게 됩니다.

'평일도 인생이니까', 제목만 읊조려도

잔잔한 위로가 될 거예요. 저에게 그랬던 것처럼요.

우리의 평일을 보다 넉넉한 마음으로 맞이해봅시다.

기업브랜딩팀 **김유나**

이게 무슨 일이야!

함께 자라기

애자일로 가는 길

김창준 지음
인사이트

스타보다 팀워크의

실제적인 실천방법이 담겨 있는 책입니다!

이 책을 통해 실제로

함께 성장하는 모두가 되었으면 좋겠습니다.

웹프론트개발그룹 **정진혁**

일할 때 영감을 준 책

햇빛은 찬란하고
인생은 귀하니까요

밀라논나 이야기

장명숙 지음

김영사

일하다 마주한 새로움을

현명한 기회로 만들고 싶을 때

저는 이 책을 꺼내 읽어요.

비록 기술이 담겨 있진 않지만

지혜로운 선택을 할 수 있도록 하는 힘은

가득 담겨 있습니다.

저는 이 힘을 믿어요!

서빙로봇마케팅파트 **송효근**

이게 무슨 일이야!

그냥 하지 말라

당신의 모든 것이 메시지다

송길영 지음
북스톤

생각을 하고 일하라고 하는데,

그 생각이라는 건

어떻게 해야 하는지 고민스러울 때,

근거에서 출발해서 생각하는 방법을

엿볼 수 있는 책.

CBO **장인성**

별게 다 영감

어느 마케터의 아카이브

이승희 지음
북스톤

일상적으로 경험하는 것들이

그냥 흘러가서 없어지지 않고

어떻게 일을 잘할 수 있는 역량으로 남는가.

성장하는 사람은 어떻게 배우는가.

CBO **장인성**

이게 무슨 일이야!

나중에 온
이 사람에게도

존 러스킨 지음, 마하트마 간디 주해, 김대웅 옮김
아름다운날

기업경영의 목적이

경제적 이유(이윤추구, 성장 등)와

사회공헌(요즘 말로 ESG) 말고도

더 있을 수 있나?

있지, 있어.

이 책을 보면 포도농장 주인 이야기가 나오는데…

나는 과연 어떤 품삯을 받는 회사에서

일하고 있는 걸까?

CCO 한명수

오늘이 마감입니다만

1미터 안에 아이디어가 있다
크리스토프 니먼 지음, 신현림 옮김
월북

일의 결과물이 한 번 쓰고 버리는
쓰레기가 되면 얼마나 슬픈데.
그래서 쓰레기 안 만들어야지 하고 일하게 됨.
그리고 재밌게 일해야 재밌음.

CCO **한명수**

이게 무슨 일이야!

외롭지 않은 말

시인의 일상어사전

권혁웅 지음, 김수옥 그림
마음산책

시집 같지 않은 시집.

일상어이자 오묘한 이중 삼중의 말들.

이 책을 읽으면 하루 종일 회사에서 쓰는 언어가

얼마나 단순하고 멋없었는지 알게 됨.

이메일을 좀 더 애틋하게 써야겠다 생각함.

CCO **한명수**

일할 때 영감을 준 책

왜 일하는가

지금 당신이 가장 뜨겁게 물어야 할 첫 번째 질문

이나모리 가즈오 지음, 김윤경 옮김

다산북스

우아한형제들에 첫 출근하는 날 받은 이 책이

혹시 우아한형제들의 바이블인가 싶었다.

근면성실, 새시대새일꾼을 강조하는 인재상,

9시 1분은 9시가 아니라는 핵심 규율,

한두 가지를 뚝심 있게 밀고 가는 이유.

심지어 창의성도 '꾸준함'에서 나온다는

일을 대하는 태도와 맥락이 이 책에서 출발한 느낌.

'이걸 입사 첫날 읽게 하다니⋯

굉장히 헐렁한 척하면서 매우 치밀한 회사군⋯'

하고 생각했던 것 같다.

피플실장 **안연주**

이게 무슨 일이야!

사소한 결정이
회사를 바꾼다

우리가 직장에서 말하고 질문하고
행동하는 방식에 대하여

마거릿 헤퍼넌 지음, 박수성 옮김
문학동네

내가 관심 갖고 있는 사소한 일들이

사소해서 '오히려' 더 귀하다는 걸,

그게 바로 우리의 핵심 경쟁력이라는 걸

일깨우며 자신감을 준 책.

피플실 동료들에게 처음 추천했던 책이다.

피플실장 **안연주**

일할 때 영감을 준 책

순간의 힘

**평범한 순간을 결정적 기회로 바꾸는
경험 설계의 기술**

칩 히스, 댄 히스 지음, 박슬라 옮김
웅진지식하우스

'나에게 어떤 힘이 있는지를 깨닫게 해주려고 찾아왔나?'
싶을 만큼, 성장과 변화에 대한 고민이 깊을 때
이 책을 만났다.

'구성원 케어 전담팀'이던 피플팀이
'구성원 경험설계 전문조직'으로
업을 다시 정의하고
피플실 2.0 시대를 시작할 수 있도록 힘을 실어줬고
결정적인 순간을 만들어주었다.
책이 이름값 했다.

피플실장 **안연주**

이게 무슨 일이야!

피플웨어

프로그램 프로그래밍 프로그래머

톰 드마르코, 티모시 리스터 지음, 박재호, 이해영 옮김

인사이트

소프트웨어를 잘 개발하기 위한 주요 고려 요소는

기술이 아닌 사람이라고 이야기하는 책입니다.

일을 할 때 사람과 그 사람이 놓여 있는 환경,

그리고 사람들과의 관계를 어떻게 풀어나가는지가

좋은 소프트웨어를 만드는 데

얼마나 중요한지에 대해 다루는 책입니다.

CEO **김범준**

이게 무슨 일이야

2022년 6월 17일 초판 1쇄 발행
2022년 7월 4일 초판 3쇄 발행

지은이 우아한형제들

기획 우아한형제들 기업브랜딩팀
스토리텔러 김봉진, 김범준, 한명수, 장인성, 안연주
마케팅 손혜진, 성호경, 김유나, 최경진
디자인 한명수, 박영미, 박예인

펴낸곳 ㈜북스톤
주소 서울특별시 성동구 연무장7길 11, 8층
대표전화 02-6463-7000
팩스 02-6499-1706
이메일 info@book-stone.co.kr
출판등록 2015년 1월 2일 제2018-000078호

펴낸이 김은경
책임편집 이은규
편집 권정희, 강현호
마케팅 박선영
디자인 김경미
경영지원 이연정

ISBN 979-11-91211-68-9 (03190)